四部要籍選刊・經部

蔣鵬翔 主編

阮刻儀禮注疏 一

〔清〕阮元 校刻

浙江大學出版社

的越刻八行本即涵蓋八種經書，隨後的閩刻十行本更是可以確定包括十一經。唯獨《爾雅》和《儀禮》二經無宋刻注疏本痕跡可尋，特别是《儀禮》晚至明嘉靖五年（一五二六）才由陳鳳梧首次實現經注疏的合刻，其合刻時間在十三經中居於最末（《爾雅注疏》至少還有元刻九行本傳世）。宋元時期之所以湊不齊『十三經注疏』，最根本的原因就是《儀禮注疏》的缺席。這也提醒著我們，《儀禮注疏》在整個十三經注疏的體系中是一個獨特且有趣的存在，如果不考慮它對收書强迫症患者所造成的傷害的話。

《儀禮》今存十七篇，根據沈鳳笙先生的考證，是由孔子的弟子、後學在公元前五世紀中期到四世紀中期這一百多年中陸續撰作的（其上限是魯哀公末年魯悼公初年，即周元王、定王之際；其下限是魯共公十年前後，即周烈王、顯王之際），旨在追述古代奴隸主貴族所施行的禮典，具體來説，就是禮物、禮儀和它所表達的禮意。儘管因秦火亡佚大半，但幸存下來的十七篇仍然被公認爲記録古代禮典最爲翔實可靠的文字。自先秦以訖兩漢，無『儀禮』之名，學人都徑稱之爲『禮』或『禮經』，也有稱『士禮』或『禮記』者（此『禮記』與今之『禮記』含義大相徑庭），《儀禮》一書成了古禮的代名詞（《儀禮》作爲書名出現的時間不晚於東晉元帝時），所以朱熹説：『《儀禮》，禮之根本，而《禮記》乃其枝葉。』這樣重要的經典，卻淪爲經注疏合刻進程中的最後一名，顯然不太正常，其原因也很簡單，因爲唐代以後讀《儀禮》的人少了，讀《儀禮注疏》的需求更少。《儀禮》是關於上古貴族禮典的忠實記録，其價值在此，其缺陷亦在此。《禮記·禮器篇》云：『禮，時爲大，順次之，體次之，宜次之，稱次之』，意謂在制禮的要點中，契合時代需求是第一位的，順乎人倫、分辨祭祀主體、合乎事理、禮物相稱等要求都不如前者重要。縱觀《儀禮》經文，所記都是春秋以前的禮典過程及細節，若一心復古，《儀禮》固然是權威的行動指南，但禮本隨時而變，一代自有一代之禮制，《儀禮》所載既極煩瑣，又不切實用，其在後世的結局也就可想而知了。《朱子語類》卷八十四於此意闡述得最爲明白：

古禮繁縟，後人於禮日益疏略。然居今而欲行古禮，亦恐情文不相稱，不若只就今人所行禮中刪修，令有節文、制數、等威足矣。

『禮，時爲大。』有聖人者作，必將因今之禮而裁酌其中，取其簡易易曉而可行，必不至復取古人繁縟之禮而施之於今也。古禮如此零碎繁冗，今豈可行。亦且得隨時裁損爾。孔子從先進，恐已有此意。或曰：禮之所以亡，正以其太繁而難行耳。

儘管三禮之中，《儀禮》最早列於學官，但到唐初敕修五經正義時，已被《禮記》替代其地位，《儀禮》只能作爲九經裏的『中經』存在，至北宋熙寧變法，更被直接移出經部。南宋紹興十三年（一一四三）实行新的『六经』加兼经制度，明確規定無論是詩賦進士還是專經進士，都不再要求治《儀禮》，南宋太學中也不再設治《儀禮》的博士（詳見程蘇東《從六藝到十三經：以經目演變爲中心》第六章）。受到官方態度的影響，至咸淳九年（一二七三）二月，黄震撰《修撫州儀禮跋》已稱：『《儀禮》爲禮經，漢儒所集《禮記》，其傳爾。自《禮記》列六經，而《儀禮》世反罕讀，遂成天下難見之書。』

另一方面，雖然鄭玄被公認爲三禮之學的奠基人，但其《儀禮注》仍然遭遇過兩次大的挑戰，一是三國時期王肅的《儀禮注》，一是元代敖繼公的《儀禮集説》。王注今佚，姑置勿論，鄭、敖兩家的優劣得失，也非本文擬討論的問題。我們應該了解的是，元大德以降，清乾隆之前，在相當長的時間裏，建立了新的詮釋體系、强調簡明重意的敖注事實上比『文句古奥』的鄭注更受歡迎，甚至到乾隆十三年（一七四八）御定《儀禮義疏》時都直言『大旨以繼公所説爲宗』。再回過頭來讀明正德年間陳鳳梧的《重刊儀禮序》，『自宋至今，又數百載，學校不講，書肆不陳，經生學子不復知有是經也久矣。……既而以經文簡奧，雖韓子尚苦難讀，非有注釋，其何以通之。廼訪求鄭康成注，日抄月録，積數年而始獲其全焉』。《儀禮》本經已從宋咸淳的『天下難見之書』進一步淪落到明正德的『經生學子不復知有是經也久矣』的境地，其鄭注更是連位高權重又矢志禮學的陳鳳梧也要經年累月才能從《儀禮經傳集解》中抽編成帙，輯得『全』文（據廖明飛《儀禮注疏合刻考》説）。這種長久退出主流學術視域的狀況不能不波及以鄭注爲基礎撰作的賈公彦《儀禮疏》，於是《儀禮注疏》便成爲整個宋元時代經注疏合刊的遺珠。

陳鳳梧於《儀禮》之學若存若亡之際，毅然擔負起傳佈元典文獻的責任，獨力刊成《儀禮》白文本（明弘治末年至正德初年）、《儀禮》經注本「正德十六年（一五二一）」和《儀禮》經注疏合刊本「嘉靖五年（一五二六）」三種，是興亡繼絶的首功之臣。雖然限於客觀條件，所刻常見疏失，但其貢獻終究不能被抹殺。單就《儀禮注疏》的版本而言，目前所知刊行於清嘉慶以前者共有七種，除了最早的明嘉靖五年（一五二六）陳鳳梧刻本外，還有明嘉靖汪文盛刻本、明嘉靖應檟刻本、明嘉靖李元陽刻本、明萬曆北監本、明崇禎毛氏汲古閣本和清乾隆武英殿本，後面這六種本子均以陳鳳梧本爲祖本。關於這一系統的版本特徵，筆者在《論張敦仁刻儀禮注疏格式之由來》一文中曾作介紹，茲不贅述，只將其結論引述於此：

> 陳鳳梧本和汪文盛本代表著《儀禮注疏》開始合刊的最初形態，均爲半葉十行，行二十字。應槓本是從十行本向九行本過渡的中間環節，由半葉十行改爲九行。李元陽本則代表著九行本形態的正式確立。之前三種本子均將鄭注刻爲小字雙行，字體大小與疏文無異，而李元陽本將注文改爲單行，字體僅略小於經文，又在注文開端加刻陰文『注』字，以示强調，從中可以感覺到刊刻者對鄭注重視程度的顯著提升。之後的北監本、汲古閣本均大體沿襲李元陽本之格式。唯獨武英殿本改回半葉十行，但其行款的變化並無文獻上的支撐，只是出於官方學者的主觀改編，故不必深究。

清嘉慶十一年（一八〇六）張敦仁據宋刻嚴州本《儀禮鄭注》和宋刻單疏本《儀禮疏》合編的《儀禮注疏》是《儀禮注疏》版本史上的第二個關鍵節點。這個本子之所以重要，是因爲其徹底推翻了之前由陳鳳梧本建立起來的並且一直爲後人遵循的架構。陳鳳梧本『散疏入注，而注之分卷，遂爲疏之分卷』，故自陳鳳梧本衍生出的本子均分十七卷，而張敦仁本則以賈公彦疏文爲準繩，將全書按照疏文次第劃爲五十卷。儘管張敦仁本是標準的經注疏合刊本，其卷端書名仍然爲强調疏文的地位而刻意採用『儀禮疏』一詞（只有卷二末尾的書名誤刻爲『儀禮注疏』），不像陳鳳梧本及其衍生版本那樣題書名爲『儀禮注疏』。這些顯著的差異無不在提示讀者，張敦仁本是一個全新的版本，與之前任何一種《儀禮注疏》合刊本相比都存在著本質上的區別。

阮刻《十三經注疏》中的十一經皆用阮元所藏『宋刻十行本』爲底本（阮元所謂的宋刻十行本，實係元刻明修者），《爾雅注疏》也得以參考元刻九行本，只有《儀禮注疏》是直接翻刻自張敦仁本，所以二者正文的行款、格式完全相同，文本上亦有密切的傳承關係。我們知道，《儀禮注疏》無宋元舊槧，明刻以下種類雖多，其源頭陳鳳梧本的經文卻是依據楊復《儀禮圖》的附録，鄭注更是輯自《儀禮經傳通解》，都無獨立可靠的文獻來源，則其衍脱誤倒之嚴重不難想見。相較之下，在宋刻嚴州本《儀禮鄭注》和宋刻單疏本《儀禮疏》的基礎上合編而成的張敦仁本成書年代雖晚，但其文本質量要比陳鳳梧本代表的舊槧系統高明得多，顧千里《合刻儀禮注疏跋》就直言不諱地説：

或問居士曰：『汲古毛氏刻十三經，凡十數年而始成，而居士云非善本也，古餘先生合刻《儀禮注疏》，乃一大經而難讀者，僅改歲而成，而居士云本莫善矣，何謂也。』居士笑曰：『吾語汝乎。夫毛氏仍萬曆監刻而已，此其所以不能善也。古餘先生以宋本易之而精校焉，熟讎焉，此其所以善也。且其所以善，先生自序固略言之，曷不姑就所言，取此五十卷者并世所行者而讀之乎。苟不能讀也，抑讀之而猶不能知也，則亦可以無與於論《儀禮》矣。若夫刊刻歲月，則遲而善可也，速而善亦無不可也，又豈深識者所當計耶。』

因此阮元在主持校刻『重刊宋本十三經注疏』的過程中，取張敦仁本爲《儀禮注疏》的底本，看上去似乎體例不純，卻是理性的最優選擇。然而阮刻《儀禮注疏》與張敦仁本之間的淵源糾葛還不止於此。

清嘉慶五年（一八〇〇），阮元設詁經精舍於杭州，延攬學者校勘十三經注疏。嘉慶六年（一八〇一），在段玉裁的推薦下，顧千里得以應邀赴杭州校經。嘉慶七年（一八〇二），段、顧二人因學術觀點衝突而交惡，顧千里被迫退出，返回蘇州。雖然嘉慶初年彙校群經并編撰《十三經注疏校勘記》可以肯定是阮元重刻《十三經注疏》的前期準備工作，但因爲阮刻注疏定本刻成於嘉慶二十年（一八一五）至二十一年（一八一六）之間，所以通常認爲在彙校階段，尚無重刻注疏的正式計劃。不過顧千里於嘉慶十一年（一八〇六）代張敦仁所作的《撫本禮記鄭注考異序》

卻説：『近日有重刻十行本者，款式無異，其中字句，特多改易，雖當否參半，但難可徵信，故置而弗論。』原文雖未指明重刻十行本的來歷，我們梳理時間軸仍可推斷，這個重刻十行本行動的發起者必定是阮元。阮元主編的《十三經注疏校勘記》成書於嘉慶十一年（一八〇六），顧千里又説嘉慶十一年（一八〇六）之『近日有重刻十行本者』，二者時間正相吻合，也就是説阮元在《校勘記》編成後馬上開始了重刻注疏的工作，然而我們今天看到的阮刻注疏的雕版時間皆不早於嘉慶二十年（一八一五），那麽從嘉慶十一年（一八〇六）到二十年（一八一五）的這段漫長的空白期該如何解釋？段玉裁是杭州匯校群經的主持人，學問深湛而年高德劭，顧千里比段玉裁小三十歲，當時還只是年少氣盛的藝林後勁。他們在校勘原則、文獻認識等方面的觀點分歧是如此嚴重，以致於顧千里不得不負氣退出（儘管事實證明顧千里的大多數意見都更爲科學合理，但阮元不可能在這種局面下公開表示對他的支持而開罪段玉裁）。顧氏稟性寧折不撓，於是一方面藉張敦仁之力，按照自己的理想模式合刊《儀禮注疏》，與阮刻十行本正面競争，另一方面在序跋書信中或明白或隱晦地抨擊阮元重刻注疏的種種缺陷。這一系列針鋒相對的行爲，顯然是阮元重刻注疏之役後來擱淺近十年的重要原因。

嘉慶二十年（一八一五），段玉裁逝世。嘉慶二十年（一八一五）至二十一年（一八一六），阮刻《十三經注疏》終於付梓，並且直接翻刻張敦仁本《儀禮注疏》作爲其中的一種。有趣的是，阮刻雖然翻刻張敦仁本，其卷末所附『引據各本目録』卻對張敦仁本一字未提。這或許代表著阮元居中調停的態度：實踐中破例採納張敦仁本（實際上是顧千里主持校刻的成果），文字上則刻意迴避之，庶幾兩全其美，既能緩和專家之間的人際矛盾，又不違背考據求實的清學精神。

相傳張敦仁本刻成後，『衹印五十部，屢經浩劫，傳本稀若星鳳』，於是正文較爲忠實地保存著張敦仁本面目及内容的阮元翻刻本便成爲學人了解後者的主要媒介（阮刻雕印水準遠遠遜色於張敦仁本，卻傳佈極廣，絶大多數讀者都只能將阮刻作爲張敦仁本的替代品）。但二〇一七年，浙江古籍出版社已取張敦仁本《儀禮疏》影印付梓，坊間不難得見，在此情況下，繼續影印阮刻《儀禮注疏》有無必要，是我們必須回答的問題。

一、張敦仁本是用《儀禮鄭注》和《儀禮疏》的兩種宋刻本合編而成，與之前的各種《儀禮注疏》相比，固然『本莫善矣』，但宋刻本自身亦不免錯訛，正如陸貽典《管子跋》所説：『古今書籍，宋版不必盡是，時版不必盡非，然較是非以爲常，宋刻之非者居二三，時刻之是者無六七，則姑從其舊也。』而主事者顧千里於宋本中的錯訛都刻意保留，其《重刻儀禮注疏序》云：『注與疏兩宋本，非必全無小小轉寫之譌，不欲用意見更易者，所以留其真，慎之至也。』故稱張敦仁本較近宋本則可，稱其絶無錯訛則不可（該本成書經過較爲曲折，雖經顧氏苦心編校，仍與宋刻經注及單疏的文本存在不少出入，因此只能説是較近宋本，詳見拙撰《覆宋嚴州本儀禮考論》）。張敦仁本的疑誤之處，有沿襲自宋本者，也有合編時新增者，曹叔彦先生《禮經校釋》揭出甚多，取《校釋》所示線索驗諸阮刻《儀禮注疏》，則相當一部分問題已經得到改正，如《士昏禮》擯者節疏文，張敦仁本作『來在問外』，汪士鍾覆刻宋單疏本作『來在門外』，陳鳳梧本以下各種衍生版本亦皆作『門』字，此處當係張敦仁本手民之失，阮刻已改爲『門』字；又如《大射禮》司馬正西面節疏文，單疏本作『明獻徒移始反位』，張敦仁本同，按『移』當作『後』，此即宋本原有之誤，阮刻已改爲『後』，所以阮刻實爲張敦仁本的修訂版，文本質量較後者更上層樓。對於普通讀者來説，直接讀阮刻更合適（如果旨在當時推考宋本面目，阮刻固然不如張敦仁本可靠，但今日宋刻嚴州本經注和宋刻單疏本皆有翻刻本或影鈔本傳世，則推考之責似乎也不必過於依賴張敦仁本。時移世易，往往如此）。需要指出的是，儘管阮刻修訂了張敦仁本的若干錯誤，但也存在新增錯誤的現象，如《燕禮》樂人節疏文，張敦仁本作『案下僕人相大師，則諸侯無眡瞭』，阮刻誤『眡』爲『眠』，便是一例。讀書宜存疑，若絶對信從，無論所信者是張敦仁本還是阮刻，都是不可取的。

二、張敦仁本貫徹了顧千里編纂經籍的文獻理念，其體例多有異於通行版本的特點，如在卷端採取『雙書名』制，主標題爲『儀禮疏』，副標題爲『儀禮』，並分別標明其在經注本和單疏本中所屬卷次。又如注疏宋刻十行本通常會在正文中附上陸德明《經典釋文》的相應内容，但陸德明所見文字與經注疏的後世傳本每有不合，從版本流變的角度來看，這樣的比附反而會增加誤會，故張敦仁本不附釋文。此外，單疏各段前所標出文起止往往與傳世的經注疏之正文抵牾，這些抵牾至少有三重文獻學上的意義，一是展現《儀禮》經文在唐以前的某種異於今本的形態（疏文正文與經文的抵牾已經在後來的傳刻中大多湮滅，故欲求經文之舊貌不得不藉助疏文所標起止推考），一是佐證賈公彦所見《儀禮》經注的篇幅明顯小於今本，提示我們《儀禮》經注亦有在後世層纍增長之問題，一是説明賈公彦所見鄭注多不涉今古文之歧異，在顧千里看來，疏文前『所標某至某、注某至某，尤有關於經注，而各本刊落竄易殆盡，非此（單疏本）竟無由得見』，故張敦仁本絶不修改疏文所標起止與正文有矛盾的地方。凡此種種，都是出於主事者保存宋刻經注本和宋刻單疏本面目的初衷，也皆爲阮元翻刻本所繼承，而阮刻較張敦仁本新增的《儀禮注疏校勘記》（分附於各卷之末），卻是至爲重要的改進。顧千里恪守『不校校之』之旨，所追求的目標是設計一個盡可能合理的體例，將經注本和單疏本融合起來又不淆亂其本義，融合之外不再做對比他本的校勘，這在文獻學上是很高明的境界（喬秀岩《『不校校之』的文獻學》一文闡發此意最爲深刻），可畢竟是一種非常規的文獻整理形式。對於讀者來説，校勘記改正錯誤、保存異文的功能始終是不可替代的，阮刻《儀禮注疏》將張敦仁本的經注疏正文和前此成書的《儀禮注疏校勘記》合編在一起，正兼顧了保存舊槧原貌和匯集文本流變兩方面的需求，雖然不像張敦仁本那樣純粹的理想主義，卻是更切實用的做法（張敦仁本中埋下的諸多線索，也需要校勘記參證才能得以發明）。需要注意的是，《儀禮注疏校勘記》編定於張敦仁本付梓之前，當時以較通行的汲古閣刻本爲工作底本，故所記不能盡合於張敦仁本，但阮刻所附《校勘記》也並非簡單地從原本删節而來，還是做了少量的訂正工作，如《鄉射禮》『辯旅皆不拜』疏文，張敦仁本作『故鄭偏言』，原本《校勘記》出校曰『偏，陳、閩俱作徧，然單疏本亦作偏』，事實上，汪刻單疏本此字仍作『偏』，所以阮刻《儀禮注疏》所附校勘記删去『然單疏本亦作偏』七字，蓋自知舊校未審。不過阮刻《儀禮注疏》此句正文仍作『偏』，則又是改之未盡者。

總而言之，阮刻《儀禮注疏》雖然與張敦仁本一脈相承，但既訂正了後者的若干錯誤，又在體例上有所改良，其文本品質實較後者爲優，不應簡單地視爲每下愈況的翻刻本。阮刻在近代學術史上深遠的影響力已是老生常談的話題，在此毋庸贅述。筆者想要强調的是，阮刻注疏與張敦仁本並非單線發展的關係，而是在彼此的成書背景、流傳過程中都有極複雜有趣的淵源糾葛，故二書本身就是研究清代文獻版本流變的絶佳案例，僅有張敦仁本不足以窺其始末，必須參讀阮刻，此樁公案才有望完結。我們期待本書的印行能對此有所貢獻，也感謝各位讀者對阮刻注疏後續品種的出版工作的支持。

二〇二〇年六月十日　蔣鵬翔撰於湖南大學嶽麓書院

全書目録

第一册

第二册

卷第八

卷第九

卷第十

卷第十一

卷第十二

卷第十三

第三册

卷第十四

第五册

第八册

本册目録

重栞宋本儀禮注疏附挍勘記

嘉慶二十年江西南昌府學開雕

太子少保江西巡撫兼提督揚州阮元審定　武寧縣貢生盧宣旬校

欽定四庫全書總目儀禮注疏十七卷

漢鄭元注唐賈公彥疏儀禮出殘闕之餘漢代所傳凡有三本一曰戴德本以冠禮第一昏禮第二相見第三士喪第四既夕第五士虞第六特牲第七少牢第八有司徹第九鄉飲酒第十鄉射第十一燕禮第十二大射第十三聘禮第十四公食第十五覲禮第十六喪服第十七一曰戴聖本亦以冠禮第一昏禮第二相見第三其下則鄉飲第四鄉射第五燕禮第六大射第七士虞第八喪服第九

特牲第十少牢第十一有司徹第十二士喪第十三既夕第十四聘禮第十五公食第十六覲禮第十七一曰劉向別錄本即鄭氏所注賈公彦疏謂別錄尊卑吉凶次第倫序故鄭用之二戴尊卑吉凶雜亂故鄭不從之也其經文亦有二本高堂生所傳者謂之今文魯恭王壞孔子宅得亡儀禮五十六篇其字皆以篆書之謂之古文元注參用二本其從今文而不從古文者則今文大書古文附注士冠禮闑西閾外句注古文闑爲槷閾爲蹙

是也從古文而不從今文者則古文大書今文附注士冠禮醴辭孝友時格句注今文格爲嘏是也其書自元以前絕無注本元後有王肅注十七卷見於隋志然賈公彥序稱周禮注者則有多門儀禮所注後鄭而已則唐初肅書已佚也爲之義疏者有沈重見於北史又有無名氏二家見於隋志然皆不傳故賈公彥僅據齊黃慶隋李孟悊二家之疏定爲今本其書自明以來刻本舛譌殊甚顧炎武日知錄曰萬歷北監本十三經中儀禮脫

誤尤多士昬禮脫壻授綏姆辭曰未教不足與爲禮也一節十四字賴有長安石經據以補此一節而其注疏遂亡鄉射禮脫士鹿中翿旌以獲七字士虞禮脫哭止告事畢賓出七字特牲饋食禮脫舉觶者祭卒觶拜長者荅拜十一字少牢饋食禮脫以授尸坐取簞興七字此則秦火之所未亡而亡於監刻矣云云蓋由儀禮文古義奧傳習者少注釋者亦代不數人寫刻有譌猝不能校故紕漏至於如是也今參考諸本一一釐正著於錄焉

儀禮疏卷第一

儀禮卷第一

唐朝散大夫行大學博士弘文館學士臣賈公彦等撰

儀禮疏序○竊聞道本沖虛非言無以表其疏言有微妙非釋無能悟其理是知聖人言曲事資注釋而成至於周禮儀禮發源是一理有終始分爲二部並是周公攝政大平之書周禮爲末儀禮爲本本則難明末便易曉是以周禮注者則有多門儀禮所注後鄭而已其爲章疏則有二家信都黄慶者齊之盛德李孟悊者隋日碩儒慶則舉大略小經注疎漏猶登山遠望而近不知悊則舉小略大經注稍周似入室近觀而遠不察二家之疏互有脩短時之所尚李則爲先案士冠三加有緇布冠皮弁爵弁既冠又著玄冠見於君有此四種之冠故記人下陳緇布冠委貌周弁以釋經之四種經之與記都無天子冠法而李云委貌與弁皆天子始冠之冠李之謬也喪服一篇凶禮之要是以南北二家章疏甚多時之所以皆資黄氏案鄭注喪服引禮記檀弓云絰之言實也明孝子有忠實之心故爲制此服焉則絰之所作表心明矣而黄氏妄云衰以表心絰以表首以黄氏公違鄭注黄之謬也黄李之訓畧言其一餘足見矣今以先儒失路後宜易塗故

悉鄭情聊裁此疏未敢專欲以諸家爲本擇善而從兼增己義仍取四門助教李孟悊詳論可否僉謀已定庶可施以函丈之儒肯矜之後幸以去瑕取玖得無譏焉

士冠禮第一 疏

士冠禮第一○鄭目録云童子任職居士位年二十而冠主人玄冠朝服則是於諸侯天子之士朝服皮弁素積古者四民世事士之子恒爲士士冠禮於五禮屬嘉禮大小戴及別録此皆第一○釋曰鄭云童子任職居士位年二十而冠爲士身加冠卯者鄭見下昬禮及士相見皆據士身自昬自相見又大戴禮公冠篇及下諸侯有冠禮夏之末造亦據諸侯身自加冠故鄭據士身自加冠爲目也鄭云四民世事士之子恒爲士者是齊語文彼云桓公謂管仲曰成民之事若何管子對曰四民勿雜處也公曰處士農工商若何管子對曰昔聖王之處士就閒燕也處工就官府也處商就市井也處農就田野也少而習焉其心安焉是四民世事士之子恒爲士也引之者證此士身年二十加冠法若士之子則四十强而仕何得有二十爲士士自加冠也二十而冠者鄭據曲禮文二十曰弱冠故云年二十而冠其大夫始仕者二十已冠訖五十乃爵命爲大夫故大夫無冠禮又案喪服小功章云大夫爲昆弟之長

殤鄭云大夫爲昆弟之長殤小功謂爲士者若不仕者也以此知爲大夫無殤服也小記云大夫冠而不爲殤大夫身已加冠降兄殤在小功是身有德行得爲大夫冠不以二十始冠也若諸侯則十二而冠故左傳襄九年晉侯與諸侯伐鄭還公送晉侯以公宴于河上問公年季武子對曰會于沙隨之歲寡君以生注云沙隨在成十六年晉侯曰十二年矣是謂一終一星終也國君十五而生子冠而生子禮也君可以冠矣是諸侯十二而冠也若天子亦與諸侯同十二而冠故尚書金縢云王與大夫盡弁時成王年十五云王與大夫盡弁則加天子亦十二而冠矣又大戴禮云文王十三生伯邑考左傳云冠而生子禮也是殷之諸侯亦十二而冠若夏之天子諸侯與殷天子亦十二而冠可知若天子之子則亦二十而冠故禮記祭法云王下祭殤五又禮記檀弓云君之適長殤車三乘是年十九已下乃爲殤故二十乃冠矣若天子諸侯冠自有天子諸侯冠禮故大戴禮有公冠篇天子自然有冠禮但儀禮之内亡耳士既三加爲大夫早冠者亦依士禮三加若天子諸侯禮則多矣故大戴禮公冠篇云公冠四加者緇布皮弁爵弁後加玄冕天子亦四加後當加衮冕矣案下文云天子之元子猶士天下無生而貴者則天子之子雖早冠亦用士禮而冠案家語冠頌云王大子之冠擬冠則

天子元子亦擬諸侯四加若然諸侯之子不得四加與士同三加可知鄭又云冠於五禮屬嘉禮者鄭據周禮大宗伯所掌五禮吉凶賓軍嘉而言宗伯云以嘉禮親萬民下云以昏冠之禮親成男女是冠禮屬嘉禮者也鄭又云大小戴及別録此皆第一者大戴戴聖與劉向爲別録十七篇次第皆冠禮爲第一昏禮爲第二士相見爲第三自茲以下篇次則異故鄭云大小戴別録即皆第一也其劉向別録即此十七篇之次是也皆尊卑吉凶次第倫敘故鄭用之至於大戴即以士喪爲第四既夕爲第五士虞爲第六特牲爲第七少牢爲第八有司徹爲第九鄉飲酒第十鄉射第十一燕禮第十二大射第十三聘禮第十四公食第十五覲禮第十六喪服第十七小戴於鄉飲鄉射燕禮大射四篇亦依此別録次第而以士虞爲第八喪服爲第九特牲爲第十少牢爲第十一有司徹爲第十二喪爲第十三既夕爲第十四聘禮爲第十五公食爲第十六覲禮爲第十七皆尊卑吉凶雜亂故鄭玄皆不從之矣

儀禮疏

儀禮○釋曰儀禮者一部之大名士冠者當篇之小號退大名在下者取配注之意故也然周禮言周不言儀儀禮言儀不言周既同是周公攝政六年所制題號不同者周禮取別夏殷故言周儀禮不言周者欲見兼有異代之法故此篇有醮用酒燕禮云諸公

士喪禮云商祝夏祝是兼夏殷故不言周又周禮是統心儀禮是履踐外內相因首尾是一故周禮巳言周儀禮不須言周周可知矣且儀禮亦名曲禮故禮器云經禮三百曲禮三千鄭注云曲猶事也事禮謂今禮也其中事儀三千言儀者見行事有威儀言曲者見行事有屈曲故有二名也

鄭氏注 疏

鄭氏注○釋曰後漢書云鄭玄字康成青州北海郡高密縣人鄭崇之後也言注注者注義於經下若水之注物亦名爲著故鄭敘云凡著三禮七十二篇○云著者取著明經義者也孔子之徒言傳者取傳述之意爲意不同故題目有異也但周禮六官六十敘官之法事急者爲先不問官之大小儀禮見其行事之法賤者爲先故以士冠爲先無大夫冠禮諸侯冠次之天子冠又次之其昏禮亦士爲先大夫次之諸侯次之天子爲後諸侯鄉飲酒爲先天子鄉飲酒次之鄉射燕禮已下皆然又以冠昏士相見爲先後者以二十而冠三十而娶四十彊而仕即有摯見鄉大夫見己君及見來朝諸侯之等又爲鄉大夫州長行鄉飲酒鄉射之事已下先吉後凶盡○則行祭祀吉禮次敘之法其義可知畧陳儀禮元本至於禮之大義備於禮記疏

士冠禮筮于廟門

筮者以蓍問日吉凶於易也冠必筮日於廟門者重以成人之禮成

子孫也。廟謂禰廟。不於堂者，嫌蓍之靈由廟神。【疏】士冠至廟門○釋曰：自此至宗人告事畢一節，論將行冠禮先筮取日之事。案下文云布席于門中闑西閾外者，閾為門限，即是門外。外故特牲禮筮日主人即位於門外西面。此不言門外者，閾外之文可參，故省文也。○注筮者至廟神○釋曰：鄭知筮以蓍者，曲禮云龜曰卜，蓍曰筮，故知筮以蓍也。云問日吉凶於易也者，下云若不吉則筮遠日如初儀。又案周禮大卜掌三易，一曰連山，二曰歸藏，三曰周易。筮得卦，以易辭占吉凶，故云問日吉凶於易也。不筮月者，夏小正云二月綏多士女冠子取妻時也，既有常月，故不筮也。云冠必筮日於廟門者，重以成人之禮成子孫也者，案冠義云筮日筮賓，所以敬冠事，敬冠事所以重禮，重禮是筮日為重禮之事也。冠義又云古者重冠，重冠故行之於廟，行之於廟者○所以尊重事，尊重事而不敢擅重事，不敢擅重事所以自卑而尊先祖也，是成人之禮成子孫也。此經唯論父子兄弟，不言祖孫，鄭兼言孫者，家事統於尊，若祖在則為冠主，故兼孫也。云廟謂禰廟者，案昏禮行事皆直云廟，記云凡行事受諸禰廟，此經亦直云廟，故知亦於禰廟也。然儀禮之內單言廟者，皆是禰廟。若非禰廟，則以廟名別之，故聘禮云賓朝服問卿，卿受于祖廟，又受聘在始祖廟，即云不腆先君之祧，是不言於廟，舉祖祧以別之也士於廟若天子諸侯冠在始祖之廟是以襄九年季武子云以先君之祧處之祧則與聘禮先君之祧謂遷主所藏始祖同也若然服虔注以祧爲曾祖者以其公還及衛冠於衛成公之廟服注成公衛曾祖故以祧爲曾祖廟時不冠於衛之始祖以非已廟故也無大夫冠禮若幼而冠者與士同在禰廟也云不於堂者嫌蓍龜之靈由廟神者此據經冠在廟堂此蓍筮在門外不同處故以廟決堂以蓍自有靈知吉凶不假廟神故云嫌蓍龜之靈由廟神也案天府職云季冬陳玉以貞來歲之美惡注云問歲之美惡謂問於龜凡卜筮者實問於鬼神龜筮能出其卦兆之占耳若然卜筮實問七八九六之鬼神故以六玉禮耳而龜筮直能出其卦兆之占似無靈者各有所對若以蓍龜對生數成數之鬼神則蓍龜直能出卦兆不得有神若以卦對生成之鬼神則蓍龜亦自有神是以易繫辭云蓍之德圓而神又云定天下之吉凶成天下之亹亹者莫善於蓍龜又郭璞云上有藂蓍下有千齡○蔡凡蟲之智莫善於龜凡草之靈莫善於蓍蓍龜自有靈也若蓍自有神不假廟神也不於寢門筮者一取成人之禮成子孫二兼取鬼神之謀故易繫辭云人謀鬼謀鄭注云鬼謀謂謀卜筮於廟門是也

主人玄冠朝服緇帶素韠即位

于門東西面主人將冠者之父兄也玄冠委貌也朝服者十五升布衣而素裳也衣不言色者衣與冠同也筮必朝服者尊蓍龜之道緇帶黑繒帶士帶博二寸再繚四寸屈垂三尺素韠白韋韠長三尺上廣一尺下廣二尺其頸五寸肩革帶博二寸天子與其臣玄冕以視朔皮弁以日視朝諸侯與其臣皮弁以視朔朝服以日視朝凡染黑五入爲緅七入爲緇玄則六入與

疏主人至西面○釋曰此主人將欲謀日之時先服即位於禰廟門外東西面立以待筮事也○注主人至入與○釋曰經直云主人當是父兄加冠之禮知兼有兄者論語云出則事公卿入則事父兄父兄者一家之統父不在則兄爲主可知故兼其兄也又案下文若孤子則父兄戒宿冠之日主人紒而迎賓則無親父親兄故彼注云父兄諸父諸兄則知此主人迎賓是親父親兄也云玄冠委貌者此云玄冠下記云委貌彼云委貌見其安正容體此云玄冠見其色實一物也云朝服者十五升布衣者雜記云朝服十五升布也云素裳者雖經不言裳裳與韠同色云素韠者故知裳亦積白素絹爲之也云衣不言色者衣與冠同也者禮之通例衣與冠同色故鄭特推云黃衣黃冠是也裳與韠同色故下爵弁服纁裳韎韐韎韐即纁之類是也經直云朝服不言色與冠同可知也若然鄭不

言裳與韠同色者擧衣與冠同裳與韠同亦可知故不言也其衣冠色異經即別言之是以下云爵弁服純衣是也云筮必朝服者尊蓍龜之道者此決正冠時主人服玄端爵韠不服此服朝服是尊蓍龜之道也若然下文云有司如主人服又宿賓賓如主人服又宿贊冠者及夕爲期皆朝服云尊蓍龜者案鄉飲酒主人朝服則此有司賓主朝服自是尋常相見所服非特相尊敬之禮此筮而朝服決正冠時與士之祭禮入廟常服玄端今此筮亦在廟不服玄端故云尊蓍龜之道而此筮唯有蓍草言龜者按周禮小事徒筮而已若大事先筮而後卜龜筮是相將之物同著朝服故兼言龜是以雜記卜筮皆朝服也案特牲禮筮日與祭同服玄端少牢筮日與祭同服朝服不特尊蓍龜者彼爲祭事龜不可尊於先祖故同服此爲冠事冠事龜可尊於子孫故服異也云緇帶黑繒帶者案玉藻云君素帶終裨大夫素帶裨垂士練帶率下裨注云大夫裨其紐及末士裨其末而已又云雜帶君朱綠大夫玄華士緇裨鄭云君裨帶上以朱下以綠終之大夫裨垂外以玄內以華士裨垂之下外內皆以緇是謂緇帶鄭彼云是謂者指此文也若然天子諸侯帶繞腰及垂者皆裨之大夫則不裨其繞腰者直裨垂之三尺屈而垂者士則裨其末繞三尺所垂者不裨在者若然大帶所用物大夫已上用素

士練繒爲帶體所裨者用繒則此言繒據裨者而言也云士帶博二寸再繚四寸屈垂三尺者此亦玉藻文大夫已上大帶博四寸此士卑降於大夫已上博二寸再繚共爲四寸屈垂三尺則大夫已上亦屈垂三尺同矣云素韠白韋韠者案玉藻云韠君朱大夫素士爵韋彼以韠爲揔目而云君朱大夫素士爵韋是韠色不同下云韋者是君大夫同用韋也但彼是玄端服之韠此士用素韋爲之故鄭云白韋韠也又云韠長三尺至博二寸亦皆玉藻文鄭彼注云頸五寸亦謂廣也頸中央肩兩角皆上接革帶肩與革帶廣同此韠即韍也祭服謂之韍朝服謂之韠也云天子與其臣玄冕以視朔皮弁以日視朝者此約玉藻而知案彼云天子玄端聽朔於南門之外皮弁以日視朝又云諸侯皮弁以聽朔於大廟朝服以日視朝於內朝彼注云端當爲冕謂天子以玄冕聽朔於南門之外明堂之中彼皆不言臣此鄭兼言臣者欲見在朝君臣同服引之者證此玄冕朝服而筮者是諸侯之士則諸侯與其臣與子加冠同服皮弁以筮日天子與其臣與子加冠同服玄冕以筮日矣知天子服玄冕諸侯服皮弁以筮日者鄭既取君臣同服明筮時還君臣同服若云天子用玄冕諸侯用皮弁其臣不得上同于君君下就臣同朝服也云凡染黑五入爲緅七入爲緇玄則六入與者案爾雅一染謂之

緅再染謂之頳三染謂之纁此三者皆是染赤法周禮鍾氏染鳥羽云三入爲纁五入爲緅七入爲緇此是染黑法故云凡染黑也但爾雅及周禮無四入與六入之文禮有色朱玄之色故注此玄則六入下經注云朱則四入無正文故皆云與以疑之但論語有紺緅連文紺又在緅上則以纁入赤爲朱若以纁入黑則爲紺故淮南子云以涅染紺則黑于涅又以紺入黑汁則爲緅故紺緅連言也若然玄爲六入緇爲七入深淺不同而鄭以衣與冠同以緇與玄同色者大同小異皆是黑色故云同也

有司如主人服即位于西方東面北上

有司羣吏有事者謂主人之吏所自辟除府史以下今時卒吏及假吏是也

疏有司至北上○釋曰此論主人有司從主人有事故立位于廟門外西方東面以待事也○注有司至是也○釋曰士雖無臣皆有屬吏胥徒及僕隸故云有司羣吏有事者也云謂主人之吏所自辟除府史以下者案周禮三百六十官之下皆有府史胥徒不得君命主人自辟除去役賦補置之是也又案周禮皆云府史此云羣吏吏史亦一也故舉漢法爲證又周禮鄭注云官長所自辟除此云主人者以此經云主人故依經而直云主人主亦爲長者也又此注以有司爲羣吏案特牲以有司爲士

屬吏不同者言羣吏則爲府吏胥徒也言屬吏則謂君命之士是以下文宿贊冠者注云謂賓若他官之屬中士若下士也又主人贊者亦云其屬中士若下士是言屬者尊之義特牲之有司士之屬吏亦親類也特牲有司之上有子姓此文無者彼祭祀事重故子姓皆來此冠事稍輕故容有不至故不言

筮與席所卦者具饌于西塾

筮所以問吉凶謂蓍也所卦者所以畫地記爻易曰六畫而成卦饌陳也具俱也西塾門外西堂也

【疏】筮與至西塾○釋曰下云布席于門中闑西閾外彼據筮此云西塾據陳處○注筮所至堂也○釋曰筮所以問吉凶謂蓍也者案曲禮云龜爲卜筴爲筮故知問吉凶謂蓍案易筮法用四十九蓍分之爲二以象兩卦一以象三揲之以四以象四時歸奇於扐以象閏十有八變而成卦是也云所卦者所以畫地記爻者筮法依七八九六之爻而記之但古用木畫地今則用錢以三少爲重錢重錢則九也三多爲交錢交錢則六也兩多一少爲單錢單錢則七也兩少一多爲拆錢拆錢則八也案少牢云卦者在左坐卦以木故知古者畫卦以木也云易曰六畫而成卦者說卦文彼云昔者聖人之作易也將以順性命之理是以立天之道曰陰與陽立地之道曰柔與剛立人之道曰仁與義兼三才

而兩之故易六畫成卦注云三才天地人之道六畫畫六爻引之者證畫地識爻之法云西塾門外西堂也者案爾雅云門側之堂謂之塾即士虞禮云羞燔俎在內西塾上南順是也筮在門外故知此經西塾門外西堂也

布席于門中闑西閾外西面闑門橛閾閫也古文闑爲槷閾爲蹙

疏布席至西面○釋曰此所布之席擬卜筮之事言在門中者以大分言之云闑西閾外者指陳席處也○注闑門至爲蹙○釋曰云闑門橛者闑一名橛也云閾閫也者曲禮云外言不入于閫閫門限與閾爲一也云古文闑爲槷閾爲蹙者遭于暴秦燔滅典籍漢興求錄遺文之後有古書今文漢書云魯人高堂生爲漢博士傳儀禮十七篇是今文也至武帝之末魯恭王壞孔子宅得古儀禮五十六篇其字皆以篆書是爲古文也古文十七篇與高堂生所傳者同而字多不同其餘三十九篇絕無師說秘在於館鄭注禮之時以今古二字並之若從今文不從古文即今文在經闑閾之等是也於注內疊出古文槷蹙之屬是也若從古文不從今文則古文在經注內疊出今文即下文孝友時格鄭注云今文格爲嘏又喪服注今文無冠布纓之等是也此注不從古文槷蹙者以槷蹙非門限之義故從今不從古也儀禮之內或從今或從古皆逐義

彊者從之若二字俱合義者則互換見之即下文云壹揖壹讓升注云古文壹皆作一公食大夫三牲之肺不離贊者辯取之一以授賓注云古文一爲壹是大小注皆疊今古文二者俱合義故兩從之又鄭疊古今之文者皆釋經義盡乃言之若疊今古之文訖須別釋餘義者則在後乃言之即下文孝友時格注云今文格爲嘏又云凡醮不祝之類是也若然下記云章甫殷道鄭云章明也殷質言以表明丈夫也甫或爲父今文爲斧事相違故因疊出今文也

筮人筮人有司主三易者

執筴抽上韇兼執之進受命於主人韇藏筴之器今時藏弓矢者謂之韇丸也兼并也進前也自西方而前受命者當知所筮也

疏筴人至主人○釋曰此經所陳據筮時之事案少牢云史左執筮右抽上韇兼與筮執之東面受命于主人得主人命訖史曰諾西面于門西抽下韇左執筮右兼執韇以擊筮乃立筮此云筴彼云筮一也但筮法不殊此亦應不異少牢具陳此不言者文不具當與彼同案三正記大夫蓍五尺故立筮士之蓍三尺當坐筮與彼異也○注筮人至筮也○釋曰案周禮春官筮人掌三易一曰連山二曰歸藏三曰周易注云問蓍曰筮其占易是筮人主三易者也云韇藏筴之器者韇有二其一從下

向上承之其一從上向下韜之也云今時藏弓矢者謂之韇丸也者此舉漢法爲況亦欲見韜弓矢者以皮爲之故詩云象弭魚服是以魚皮爲矢服則此韇亦用皮也知自西方而前者上云即位于西方故知前向東方受命也云受命者當知所筮也者謂執之不知以請筮何事宰遂命之也凡卜筮之法案洪範云七稽疑擇建立卜筮人三人占從二人之言又案尚書金縢云乃卜三龜一習吉則天子諸侯卜時三龜並用于玉瓦原三人各占一兆也筮時連山歸藏周易亦三易並用夏殷以不變爲占周易以變者爲占亦三人各占一易。筮皆三占從二三者三吉爲大吉一凶爲小吉三凶爲大凶一吉爲小凶案士喪禮筮宅卒筮執卦以示命筮者命筮者受視反之東面旅占注云旅衆也反與其屬共占之謂掌連山歸藏周易者又卜葬日云占者三人在其南注云占者三人掌玉兆瓦兆原兆者也少牢大夫禮亦云三人占鄭既云反與其屬占之則鄭意大夫卜筮同用一龜一易三人共占之矣其用一龜一易則三代顯用不專用一代故春秋緯演孔圖云孔子脩春秋九月而成卜之得陽豫之卦宋均注云陽豫夏殷之卦名故今周易無文是孔子用異代之筮則大夫卜筮皆不常據一代者也

宰自右少退贊命宰有司主政教者自由也贊佐也命

告也佐主人告所以筮也少儀曰贊幣自左詔辭自右

疏 宰自至贊命○注宰有至自右○釋曰知宰是有司主政教者上雖無臣以以屬吏爲宰若諸侯使司徒兼冢宰以出政教之類故云主政教者引少儀者取證贊命在右之義以其地道尊右故贊命皆在右是以士喪禮亦云命筮者在主人之右注云命尊者宜由右出特牲云宰自主人之左贊命不由右者爲神求吉變故也士喪在右不在左者以其始死未忍異于生故在右也少牢宰不贊命大夫尊屈士卑不嫌故使人贊命也

筮人許諾右還即席坐西面卦者在左

即就也東面受命右還北行就席卦者有司主畫地識爻者

疏 筮人至在左○釋曰此言筮人於主人受命訖行筮事也但即席坐西面者主人爲筮人而言作坐文宜在西面下今退西面于下者欲西面之文下就畫卦者亦西向故也○注即就至爻者○釋曰鄭知東面受命者以其上文有司在西方東面主人在門東西面今從門西東面主人之宰命之故東面受命可知也知右還北行就席者以其主人在門外之東南席在門中故知右還北行乃得西面就席坐也云卦者有司主畫地識爻者上云所卦者謂於此云卦者據人以杖畫地記識爻之七八九六者也

卒

筮書卦執以示主人卒已也書卦者筮人以方寫所得之卦疏卒筮至主人○釋曰此言所筮六爻俱了卦體得成更以方版畫體示主人之事也○注卒已至之卦○釋曰云書卦者筮人者下文云筮人還東面旅占明此書卦是筮人也不使他人書卦者筮人尊卦亦是尊蓍龜之道也案特牲云卒筮寫卦筮者執以示主人注云卦者主畫地識爻六爻備乃以方版寫之則彼寫卦亦是卦者故鄭云卦者畫爻者彼為祭禮吉事尚提提故卦者寫卦筮人執卦以示主人士喪禮注云卦者寫卦示主人經無寫卦之文是卦者自畫示主人以其喪禮遽于事故卦者自畫自示主人也此冠禮筮者自寫自示主人冠禮異于祭禮喪禮故也

主人受眂反之反還也疏主人受眂反之○釋曰此筮訖寫所得卦示主人主人受得省視雖未辨吉凶主人尊先受視以知卦體而已主人既知卦體反還與筮人使人知其占吉凶也

筮人還東面旅占卒進告吉旅衆也還與其屬共占之古文旅作臚也疏筮人至告吉○釋曰此言筮人既於主人受得卦體還于門西東面旅共占之是吉卦乃進向門東東面告主人云吉也

若不吉則

筮遠日如初儀遠日旬之外

疏若不至初儀○釋曰曲禮吉事先近日此冠禮是吉事故先筮近日不吉乃更筮遠日是上旬不吉乃更筮中旬又不吉乃更筮下旬云如初儀者自筮于廟門已下至告吉是也○注遠日旬之外○釋曰曲禮云旬之內曰近某日旬之外曰遠某日彼據吉禮而言旬之內曰近某日據士禮旬內筮故云近某日是以特牲旬內筮日是也旬之外曰遠某日者據大夫以上禮旬外筮故言遠某日是以少牢筮旬有一日是也案少牢云若不吉則及遠日又筮日如初鄭注云及至也遠日後丁若後己言至遠日又筮日如初明不并筮則前月卜來月之上旬上旬不吉至上旬又筮中旬中旬不吉至中旬又筮下旬下旬不吉則止不祭祀也若然特牲不言及則可上旬之內筮不吉則預筮中旬中旬不吉又預筮下旬又不吉則止若此冠禮亦先近日士冠禮亦于上旬之內預筮三旬不吉則更筮後月之上旬以其祭祀用孟月不容入他月若冠子則年已二十不可止然須冠故容入後月也若然大夫已上筮旬外士筮旬內此士禮而注云遠日旬之外者此遠日旬之外自是當月上旬之內筮不吉更筮中旬云遠日非謂曲禮文大夫以上前月預筮來月上旬爲遠某日者彼自有遠日與此別也

徹筮席

徹去也斂也 疏 徹筮席○注徹去也斂也○釋曰據席則徹去之筮則斂藏之故兩訓之也 宗人告事畢 宗人有司主禮者 疏 宗人告事畢○注宗人至禮者○釋曰士雖無臣亦有宗人掌禮比于宗伯故云有司主禮者

主人戒賓賓禮辭許 戒警也告也賓主人之僚友古者有吉事則樂與賢者歡成之有凶事則欲與賢者哀戚之今將冠子故就告僚友使來禮辭一辭而許再辭而許曰固辭三辭曰終辭不許也 疏 主人至辭許○釋曰自此以下至賓拜送一節論主人筮日訖三日之前廣戒僚友使來觀禮之事也云主人戒賓者謂主人親至賓大門外之西東面賓出大門外之東西面戒之云賓禮辭許者即下云戒賓曰某有子某將加布于其首願吾子之教之也賓對曰某不敢恐不能共事以病吾子敢辭主人曰某猶願吾子之終教之也賓對曰吾子重有命某敢不從是一度辭後乃許之是賓禮辭許者也○注戒警至許也○釋曰同官爲僚同志爲友此賓與主人同是官與爲同志故以僚友解之此謂上中下士嘗執摯相見者也若未嘗相見則不必戒故鄭以僚友言之是也云古者有吉事則樂與賢者歡成之者則此經戒賓使來者是也云有凶事則欲與賢者哀戚之者則士喪禮

始死命赴者使告君及同僚之等是也云禮辭一辭而許者即此文是也云再辭而許曰固辭者則士相見云某也願見無由達某子以命命某見主人對曰某子命某見吾子有辱請吾子之就家也某將走見賓對曰某不足以辱命請終賜見主人對曰某不敢爲儀固請吾子之就家也某將走見賓對曰某不敢爲儀固以請主人對曰某也固辭不得命將走見是其再辭而許名爲固辭之義也云三辭曰終辭不許也者又士相見云士見于大夫終辭其摯是三辭不許爲終辭之義也若一辭不許後辭上○許則爲禮辭許若再辭不許後三辭上○許則爲再辭而許之曰固辭若不許至于三辭又不許則爲三辭曰終辭不許也又三辭而許則曰三辭若三辭不許乃曰終辭是以公食大夫戒賓上介出請入告三辭又司儀云諸公相爲賓主君郊勞交擯三辭車逆拜辱三揖三辭注云先辭辭其以禮來于外後辭辭升堂皆是三辭而許稱三辭若然此戒賓賓禮辭許不固辭案鄉飲酒主人請賓賓禮辭許注云不固辭者素所有志是賓習道藝本望賓舉是素所有志故不固辭此亦素有志樂與主人歡成冠禮故不固辭諸經云禮辭許者是素有志之類也

主人再拜賓答拜主人退賓拜送退去也歸也

疏案鄉飲酒○主人

戒賓賓拜辱主人答拜乃請賓賓禮辭許主人再拜賓答拜主人退賓拜辱鄉射亦然皆與此文不同此經文不具當依彼文爲正但此不言拜辱者亦是不爲賓已故也

前期三日筮賓如求日之儀

前期三日空二日也筮賓筮其可使冠子者賢者恒吉冠義曰古者冠禮筮日筮賓所以敬冠事敬冠事所以重禮重禮所以爲國本○

疏 前期至之儀○釋曰此文下盡宿贊冠者亦如之論筮賓若贊冠者之節云前期三日者加日爲期期前三日也筮賓者謂於僚友衆士之中筮取吉者爲加冠之賓也云如求日之儀者亦于廟門外下至告事畢唯命筮別其餘威儀並同故云如求日之儀也命筮雖無文宰贊蓋云主人某爲適子某加冠筮某爲賓庶幾從之若庶子則改適爲庶字異餘亦同此經不云命筮并上筮日亦不云命筮者皆文不具也○注前期至國本○釋曰云前期三日空二日也者謂正加冠日是期日冠日之前空二日外爲前期三日故云空二日也二日之中雖有宿賓宿贊冠者及夕爲期但非加冠之事故云空也云筮賓其可使冠子者即下文三加皆賓親加冠于首者是也云賢者恒吉者解經先戒後筮之意凡取人之法先筮後戒今以此賓是賢者必知吉故先戒賓賓已許方始筮之以其賢恒

自吉故先戒後筮之也若賢恒吉必筮之者取其審慎重冠禮之事故鄭引冠義爲證也云重禮所以爲國本者詩云人而無禮胡不遄死禮運云治國不以禮猶無耜而耕也故云重禮所以爲國本也然冠既筮賓特牲少牢不筮賓者彼以祭祀之事主人自爲獻主羣臣助祭而已天子諸侯之祭祭前已射于射宮擇取可預祭者故不筮之也

乃宿賓賓如主人服出門左西面再拜主人東面荅拜宿進也宿者必先戒戒不必宿其不宿者爲衆賓或悉來或否主人朝服

【疏】乃宿至荅拜○釋曰此經爲宿賓擯者傳主人辭入告賓賓如主人服出門與主人相見之儀也○注宿進至朝服○釋曰鄭訓宿爲進者謂進之使知冠日當來故下文宿曰某將加布于某之首吾子將莅之敢宿賓對曰某敢不夙興是宿之使進之義也云宿者必先戒者謂若賓及贊冠同在上戒賓之内已戒之矣今又宿是宿者必先戒也云戒不必宿者即上文戒賓之中除正賓及贊冠者但是僚友欲觀禮者皆戒之使知而已後更不宿是戒不必宿者也云不宿者爲衆賓或悉來或否者此決賓與贊冠者戒而又宿不得不來衆賓主來觀禮非要須來容有不來者故直戒不宿也云主人朝服者見上文筮

日時朝服至此無改服之文則知皆朝服凡有戒無宿者非止於此案鄉飲酒鄉射主人戒賓及公食大夫各以其爵皆是當日之戒理無宿也又大射宰戒百官有事于射者射人戒諸公卿大夫射司士戒士射與贊者前射三日宰夫戒宰及司馬皆有戒而無宿是也射人宿視滌此言宿者謂將射之前於宿預視滌濯非戒宿之意也若然特牲禮云前期二○日宿尸前無戒而直有宿者特牲文不具其賓亦有戒也又禮記祭統云先期旬有一日宫宰宿夫人○夫人亦散齊七日致齊三日注云宿讀爲肅肅猶戒也戒輕肅重也者彼以夫人尊故不得言戒而變言宿讀爲肅肅者肅亦戒之意彼以宿當戒處非謂祭前三日之宿也大宰云祀五帝則掌百官之誓戒者謂戒百官使之散齊至祭前三日當致齊也凡宿賓之法案特牲云前期三日筮尸乃宿尸厥明夕陳鼎則前期二日宿之也少牢筮吉下云宿鄭注云大夫尊儀益多筮日既戒諸官以齊戒矣至前祭一日又戒以進之使知祭日當來又云前宿一日宿戒尸注云先宿尸者重所用爲尸者又爲將筮吉則乃遂宿尸是前祭二日筮尸訖宿尸至前祭一日又宿尸天子諸侯祭前三日宿之使致齊也

宿賓賓許主人再拜賓答拜主人退賓拜送乃

乃宿賓者親相見致其辭［疏］乃宿至拜送○釋曰上擯者傳辭賓出與主人相見此經據主人自致辭故再舉宿賓之文也

宿贊冠者一人亦如之贊冠者佐賓為冠事者謂賓若他官之屬中士若下士也宿之以筮賓之明日［疏］宿贊至如之○注贊冠至明日○釋曰案下文冠子之時贊者坐櫛設纚卒紘之類是贊冠者佐賓為冠事者以其佐賓為輕故不筮也云謂賓若他官之屬者此所取本由主人之意或取賓之屬或取他官之屬故鄭兩言之案周禮三百六十官每官之下皆有屬官假令上士為官首其下有中士下士為之屬若中士為官首其下即有下士為之屬也云中士若下士也者此據主人是上士而言之贊冠者皆降一等假令主人是上士賓亦是上士則取中士為之贊假令主人是下士賓亦是下士則亦取下士為之贊禮窮則同故也云宿之以筮賓之明日者以下有厥明夕為期是冠前一日宿賓宿贊在厥明之上則去冠前二日矣筮賓是前期三日則知宿賓贊冠者是筮賓之明日可知不在宿賓下而在宿贊冠之下言之者欲取為厥明相近故也

厥明夕為期

于廟門之外主人立于門東兄弟在其南少

退西面北上有司皆如宿服立于西方東面北上厥其也宿服朝服

疏厥明至北上○釋曰自此至賓之家論冠前一日之夕爲明日加冠之期告賓之事也云厥明夕爲期者謂宿賓與贊冠明日向暮爲加冠之期必於廟門者以冠在廟知亦在廟爲期也主人之類在門東賓之類在門西者各依賓主之位夾處東西也○注厥其至朝服○釋曰如宿服朝服者以其宿服如筮日之服筮日朝服轉相如故知是朝服也

擯者請期宰告曰質明行事擯者有司佐禮者在主人曰擯在客曰介質正也宰告曰旦日正明行冠事

疏擯者至行事○釋曰上經布位已訖故此經見爲期之事言請期者謂請主人加冠之期言告曰者即是宰贊命告之也○注擯者至冠事○釋曰上云有司此言擯者故知擯者是有司佐主人行冠禮者也云在主人曰擯在客曰介者案聘禮及大行人皆以在主人曰擯在客稱介亦曰相司儀云每門止一相是也云旦日正明行冠事者案特牲請期曰羹飪鄭注云肉謂之羹飪熟也謂明日質明時而曰肉熟重豫勞賓此無羹飪故云質明少牢云旦明行事故此注取彼而言旦日正明行冠事也

告兄

弟及有司擯者告也疏告兄弟及有司○注擯者告也○釋曰上文陳兄弟及有司位次此告訖下乃云告事畢則兄弟及有司亦廟門之外矣必告之者禮取審慎之義故也必知擯者告者上擯者請期此即云告明還是擯者告可知

告事畢宗人告也疏告事畢○注宗人告也○釋曰知宗人告者亦約上文筮日時宗人告事得知也

擯者告期于賓之家疏擯者至之家○釋曰有司是家之屬吏者則告期皆得在位賓是同僚之等爲期時不在故就家告之於夕爲期當暮即得告之者以其共仕於君其家必在城郭之內相近故得告也

夙興設洗直于東榮南北以堂深水在洗東夙早也興起也洗承盥洗者棄水器也士用鐵榮屋翼也周制自卿大夫以下其室爲夏屋水器尊卑皆用金罍及大小異疏夙興至洗東○釋曰自此至賓升則東面論將冠子豫陳設冠與服器物之事也○注夙早至小異○釋曰云洗承盥洗者棄水器也者謂盥手洗爵之時恐水穢地以洗承盥洗水而棄之故云棄水器也云士用鐵者案漢禮器制度洗之所用士用鐵大夫用銅諸侯用白銀天子用黃金也云榮屋翼也

者即今之博風云榮者與屋爲榮飾言翼者與屋爲翅翼也云周制自卿大夫以下其室爲夏屋者言周制者夏殷卿大夫以下屋無文故此經是周法即以周制而言也案此經是士禮而云榮鄉飲酒鄉大夫禮鄉射喪大記大夫士禮皆云榮又案匠人云夏后氏世室堂脩二七廣四脩一五室此謂宗廟路寢同制則路寢亦然雖不云兩下爲之彼下文云殷人重屋四阿鄭云四阿四注屋重屋謂路寢殷之路寢四阿則夏之路寢不四阿矣當兩下爲之是以檀弓孔子云見若覆夏屋者矣鄭注云夏屋今之門廡漢時門廡也兩下爲之故舉漢法以況夏屋兩下爲之或名兩下屋爲夏屋夏后氏之屋亦爲夏屋鄭云卿大夫以下其室爲夏屋兩下而周之天子諸侯皆四注故喪大記云升自屋東榮鄭以爲卿大夫士其天子諸侯當言東霤也周天子路寢制似明堂五室十二堂上圓下方明四注也諸侯亦然故燕禮云洗當東霤鄭云人君爲殿屋也云水器尊卑皆用金罍及大小異者此亦案漢禮器制度尊卑皆用金罍及其大小異此篇與昏禮鄉飲酒鄉射特牲皆直言水不言罍大射雖云罍水不云枓少牢云司宮設罍水於洗東有枓鄭注云設水用罍沃盥用枓禮在此也欲見罍枓俱有餘文無者不具之意也儀禮之内設洗與設尊或先或後不同者若先設洗則兼餘事此士冠

賓與贊共洗昏禮有夫婦與御媵之等少牢特牲兼舉鼎不尊爲酒以是皆先設洗鄉飲酒鄉射先設尊者以其尊爲酒燕禮大射自相對大射辨尊卑故先設尊燕禮不辨尊卑故先設洗又儀禮之內或有尊無洗或尊洗皆有文不言設之者是不共也

儀禮疏卷第一

盧氏宣旬校定

大清嘉慶二十年用文選樓藏本校定

江西督糧道王賡言廣豐縣知縣阿應鱗栞

儀禮注疏挍勘記序

儀禮最爲難讀昔顧炎武以唐石刻九經挍明監本惟儀禮譌脫尤甚經文且然況注疏乎賈疏文筆冗蔓詞意鬱轖不若孔氏五經正義之條暢傳寫者不得其意脫文誤句往往有之宋世注疏各爲一書疏自咸平挍勘之後更無別本誤謬相沿迄今已無從一一釐正朱子作通解於疏之文義未安者多爲刪潤在朱子自成一家之書未爲不可而明之刻注疏者一切惟通解之從遂盡失賈氏之舊臣 於儀禮注疏舊有挍本奉

旨充石經挍勘官曾挍經文上石今合諸本屬德清貢生徐

養原詳列異同，臣復定其是非。大約經注則以唐石經及宋嚴州單注本爲主，疏則以宋單行本爲主，參以釋文、識誤諸書，於以正明刻之譌，雖未克盡得鄭賈面目，亦庶還唐宋之舊。覩鄭注疊古今文最爲詳覈，語助多寡靡不悉紀，今挍是經寧詳毋略，用鄭氏家法也。臣阮元恭記

引據各本目録

唐石經　明王堯惠補缺案此刻自五季以來名儒俱不窺之不特張淳李如圭諸人生於南宋固不及見卽敖繼公當元一統之時亦未嘗過而問焉至國朝顧炎武張爾岐始取以挍監本多所是正

宋嚴州單注本　宋本之最佳者張淳所據卽此本也元和顧廣圻用鍾本挍其異者書於簡端今據以採入

翻刻宋單注本 明徐姓翻刻於嘉靖時祖嚴本而稍異亂中凡與嚴州本及鍾人傑本合者則偁徐本

明鍾人傑單注本 全同徐本其偶異者是失於讎挍耳

明永懷堂單注本 全與閩刻注疏本同

宋單疏本 此北宋時咸平景德間所挍勘開雕者也注疏合刻起于南北宋之間惟儀禮又在後朱子自述通解云前賢常苦儀禮難讀以經不分章記不隨經而注疏各爲一書故讀者不能遽曉今訂此本盡去諸弊是朱子時注疏各爲一書也馬廷鸞曰余從敗篋中得景德中官本儀禮疏四帙正經注語皆標起止而疏文列其下家有監本儀禮經注因取而附益之是馬氏時注疏猶各爲一書也此本與馬氏所見正同又按宋人各經皆以經注分附於疏其分卷依疏之卷數如禮記注疏七十卷是也惟儀禮以疏分附經注其分卷依經注之卷數如舊唐書經籍志新唐書藝文志竝云儀禮疏五十卷而注疏本則分爲十七卷賈公彥五十卷之本今之學者每恨不可得見近年吳中黃丕烈家有其書每葉三十行每行二十七字末葉列宋時諸臣官銜今訂從賈疏分五十卷挍正義以此本爲據

李元陽注疏本 刻于閩中故稱閩本每半葉九行每行二十一字監本毛本俱仿此

國子監注疏本 明神宗時北京國子監刊

汲古閣注疏本

國朝重修國子監注疏本

經典釋文 內儀禮一卷

儀禮識誤 聚珍板本宋乾道八年曾逮命張淳挍刊儀禮因爲識誤三卷今刊本未見惟識誤存焉其書專宗釋文意在復古然所辨或祇係偏旁形體則六朝時俗書最多既不足據且無關語句之異同也至其精審之處自不可沒以嚴本爲據參以監本及汴京巾箱本杭細字本又有湖北漕司本監本初刊于廣順復挍于顯德而宋因之

儀禮集釋 聚珍板本李如圭著全載鄭注微遜嚴本書中引石本與唐石經異疑是成都石經

儀禮經傳通解 全載鄭注節錄賈疏明刻注疏多與此同近世挍儀禮者奉此爲準則然於其佳處不能

盡失而後易刪潤之處則多據之是取其糟粕而遺其精華也又引温本及成都石經至喪祭二禮門人黃幹續成

抄本儀禮要義 魏了翁著專録賈疏多與單疏本合有刪節而絶無改竄遠勝通解間録經注雖不盡與嚴本合終勝今本亦引温本異同

儀禮圖 通志堂本與通解略同注内叠今古文俱刪去

儀禮集說 通志堂本敖繼公著所載鄭注多移易點竄不足盡憑

浦鏜十三經正字内儀禮二卷 據重修監本挍其誤字

儀禮詳挍 盧文弨著多採諸家之說記中所偁金曰追正譌印本諸此

九經誤字 顧炎武著以唐石經正明監本又金石文字記載石經誤字

儀禮誤字 張爾岐著

石經考文提要

附記單疏本缺葉

士冠禮自五十六葉前第三行左上諸侯起至五十七葉後第四行左下不爲止

士昏禮自三十六葉後第一行右下若舅起至三十九葉後第二行右下尚書止

士相見禮自十葉前第八行左上此釋起至十二葉前第五行右上見至止

鄉飲酒禮自四十五葉後第五行左上俎者起至四十七葉後第九行右上祭于止

聘禮自四十八葉後第五行右上文賓起至五十葉後第一行左下言也止又自五十四葉後第二行右下立門起至五十六葉前第五行右上至行止又自八十葉前第四行左上賓拜起至八十一葉後第五行左下亨大止

特牲饋食禮自廿八葉後第四行左上其薦起至三十葉後第三行左上拜主止又自五十二葉後第五行左上爲加起至五十七葉前第五行左上讀祭止

少牢饋食禮自十八葉前第一行右下者郊起至後第九行左下知也止又自廿七葉前第二行右下

魚皆起至廿九葉前第二行左下鄉左止

凡記中通用及俗譌字放九經字樣例彙録左方

鑄或作鑄誤作鑄 筭瀾作算 于通作於唐石經于字一千四百四十三於字一百四十二莫詳其義例諸刻注疏尤參差不一各依舊本可也 巳與以通 矇誤作朦 鍾誤作鐘 注註非 絜作潔俗 唯或作惟或作維 大即太字 孰與熟通 壺誤作壼 莅或作涖蒞 眡與視同凡作眡少一筆者別一字也經典所無 蒸或作蒸通作烝 亨與烹通 齊與齋通 彊或作強 扑誤作朴 解與懈通 殽或作肴 館舘非 它或作他或作佗 鈃或作鉶 路輅俗 適與嫡通 摯與贄通 灋周禮法字 荅答非 昏昬禮或亦作婚 取與娶通 竟與境通 趨或作趍俗 挍或作校凡足之校或亦誤从手 道與導通 鄉與嚮通又與向通 說與脫通 辟與避通 申與伸通 傍瀾作旁 共與恭通又與供通 麤或作粗麄 要與腰通 馮與憑通 赬或作䞓 荐或作薦 筴或作

策 御與禦通 玩或作翫 苞或作包 軾或作式 從與縱通 炤或作照 饗或作享

夾或作俠 翦或作剪鬋 匝卽帀字 擊誤作擊 并或作併 胳或作骼 闇或作暗 麴或作麯

腴誤作膄 圖或作圗 謚非謚 儗或作擬 鼈非鱉 歡或作懽 毋誤作母 敕誤作勑

埽俗掃 著非着 牖非牗 登段玉裁曰古祇作登凡作豋者宋元俗字 脩閩作修 膞誤作膊

弦非絃 齎非賫 襲或作褻 壁或誤作璧 粱誤作梁 箱非廂 已閩作巳 坫誤作玷

藉閩作籍 然非燃 髺誤作髻 襌誤作禪 欑閩作攢 槀閩作藁藳 菹誤作葅 匕閩作七

于閩作子 日曰古人書此二字無甚分別說詳疏序隋曰碩儒句下 謂爲二字刻本亦多互誤

廿卅上二十也下三十也唯唐石經如此

儀禮注疏卷第一挍勘記　阮元撰盧宣旬摘錄

儀禮疏卷第一　今本作儀禮注疏卷第一在序文之後石經徐本作儀禮卷第一次士冠禮第一次儀禮次鄭氏注案鄭氏原本惟有士冠禮第一儀禮鄭氏注十字而已首五字蓋石經所加夫大題既在小題之下何得重書于上且儀禮以篇爲卷既識篇數又識卷數不巳贅乎○按禮經在漢祇稱爲禮藝文志云禮古經五十六卷是也亦曰禮記熹平石經有儀禮載洪适隸釋而戴延之謂之禮記是也無稱儀禮者鄭氏引此經直舉篇名亦不稱儀禮疑儀禮二字鄭學之徒加之猶鄭氏箋三字爲雷次宗所加也荀崧請置儀禮博士蓋自過江以後儀禮之名始顯

唐朝散大夫行太學博士宏文館學士臣賈公彥等撰　陳本同毛本無等字案賈氏此疏與李元植同撰故曰賈公彥等毛本去等字而移此行於序題之下皆非也○按賈氏三禮疏皆私撰故不言奉勑其書或經進御故稱臣惟唐字恐非原文所有當是咸平挍勘時增入

儀禮疏序　毛本疏上有注字案此序爲疏而作非爲注而作加注字非也據五經注疏序今本皆題曰某經正

義序則此題亦當依單疏本爲正

隋日碩儒　日毛本作曰案顧炎武金石文字記曰唐人日曰二字同一書法惟日字左角稍缺石經日字皆作口釋文遇二字可疑者郎加音切宋以後始以方者爲曰長者爲日而古意失矣

互有修短　修要義作長

庶可施以　施以要義作以施毛本以作矣

幸以去瑕取玖　去毛本誤作元

士冠禮第一

鄭目錄云　自此至此皆第一毛及陳閩監本俱列疏前與注一例餘篇放此按此乃疏引目錄之文三禮皆然玉海所謂正義每篇案鄭目錄是也諸本俱誤毛本除冠昏燕大射聘士喪特牲少牢八篇之外皆標注字尤誤

童子任職居士位年二十而冠 按喪服小功章疏引鄭目錄云士之子任士職居士位二十而冠蓋檃括鄭意非原文也釋文與此同

則是於諸侯 要義同毛本是下有仕字按作則是諸侯之仕

此皆第一 通解作皆此爲第一

鄭云四人世事 要義同毛本人作民

成人之事若何 陳本同毛本人作民下四人勿雜處四人世事同事陳本作士非也

證此士身年二十加冠法 加上陳閩俱有而字

大夫冠而不爲殤 大閩本毛本作丈○今按下記疏又引此句諸本亦或作丈或作大究以丈爲是蓋言丈夫冠而不爲殤今大夫降兄殤在小功則大夫有未冠之兄而大夫之身尚未二十可知昏禮記疏引喪服小記仍作丈可證

天下無生而貴者　下陳閩監本俱誤作子

即皆第一也　毛本即作此

喪爲第十三　要義喪上有士字

儀禮　單疏本儀禮上下及下鄭氏注上下並空一字後凡標起止處皆同

鄭氏注

若水之注物　注誤作註要義作著盧文弨云鄭氏注舊作註通部皆然疏云言注者注義於經下若水之注物舊本亦並作註於文義全不可通一本悉改作注是也○按字體雅俗悉詳序目中今不悉辨此句註字似礙理故錄盧說正之

爲意不同　要義同毛本意作義

盡則行祭祀吉禮　陳本要義同毛本盡上有凶字

士冠禮筮于庿門 禮下今本俱有一圖案分段用圖非古也石經徐本皆無之施于此處尤非所宜盡士冠禮三字乃發首之句猶言文王之爲世子也子贛見師乙而問焉與尚書篇題不同葛本别爲一行亦謬○按儀禮庿廟錯出張淳論之詳矣經注旣然疏文更甚今當畫一從庿庿乃古文鄭不叠今文者鄭叠今古有三例辭有詳略則叠之賓對曰某敢不夙與今文無對是也義有乖互則叠之禮于阼今文禮作醴是也字有通借則叠之閾西閾外古文閾爲蘗閾爲蹷是也若庿廟則同字故不叠然儀禮字例亦多參差如士冠特牲俱有主人受眡之語士冠作眡特牲作視士冠嘉薦亶時劉作告陸作時皆後人任意爲之非鄭氏之舊

闑爲門限 盧文弨改闑爲閾

筮者至庿神 神監本誤作門

行之于庿者 陳閩俱無者字

卽云不腆先君之祧 要義同毛本卽作旣

服氏注以祧爲曾祖者　要義同陳本氏誤作是毛本氏作虔

則著龜直能出卦兆　卦陳閩俱作其非是

若著自有神　若字毛本作是知

主人元冠朝服

肩革帶博二寸　嚴本集釋通解楊氏同毛本二作三○按作二與玉藻合

云素韠者　通解作旣云素韠要義無此下十六字別有素裳積白素絹爲之八字在其衣冠色異上

是以下云爵弁服純衣是也　要義同毛本云作文

此服朝服　毛本朝上有乃服二字

肩與革帶廣同　毛本革誤作韋

天子用元冕諸侯用皮弁　閩本兩用字俱作同陳本上句作同下句作用

無四入與六入之文 陳本四入下衍五入二字閩本四入六入之文六字排寫甚稀可容八字

禮有色朱元之色 有下單疏陳本俱有色字似誤閩本朱元之三字甚稀亦可容四字

以湼染緅 案緅字似當作紺後爵弁服節疏引作紺

有司如主人服即位于西方 于徐本作於按士昏禮至於某之室大射儀士御於大夫鄭注皆云今文於爲于則於于二字宜有辨但俗本溷寫已久不可勝校石經作于者多作於者少大抵經文則依石經注依徐本疏依單疏本可也

今時卒吏及假吏皆是也 浦鏜云案漢書倪寬傳補廷尉文學卒史儒林傳置五經百石卒史黃霸傳補馮翊卒史皆作史○按通解引疏曰卒史假吏又舉漢法爲證也浦說據此然疏無此語通解截注仍作卒吏徐本集釋俱無皆字

此論主人有司　主人有司陳閩俱作有司主人

府吏以下者　者上要義有今時卒吏及假吏是也九字與徐本注合

則爲府史胥徒也　爲要義作謂按謂爲二字唐人多通用然究嫌蒙溷今悉挍出

中士若下士也　要義同毛本作若中士下士○按作中士若下士與後注合

特牲之有司　要義同毛本之作云

亦親類也　浦鏜疑親爲此字之誤

筮與席所卦者

據陳處　毛本處下有言字

龜爲卜筴爲筮　要義同毛本筴作蓍陳作筴

卦一以象三　要義同毛本卦作掛○按掛俗卦字

故易六畫成卦毛本畫下有而字

布席于門中

擬卜筮之事陳本要義同毛本擬作疑按燕禮膳宰具官饌疏云擬燕可證

言在門中者門中陳本要義俱作中門非也

得古儀禮五十六篇要義同毛本古作亡

闕闕之等是也要義同毛本無是也二字

今文無冠布纓之等要義同毛本無冠作冠無○按無冠與喪服傳注合

贊者辯取之辯諸本俱作辨

若疊今古之文說要義同毛本今古作古今說一本改作訖

則在後乃言之要義同毛本乃作皆

事相違　要義同毛本違作爲

筮人執筴

藏筴之器　筴通解作筮按通解偶誤耳敖氏改經筴爲筮字乃肊說也毛本器下有也字徐本集釋俱無與疏合

筮皆三占從二　要義同毛本筮上有卜字

則三代顆用　要義同毛本顆作類○按顆卽科字

故春秋緯演孔圖云　圖陳閩監本俱誤作啚

是孔子用異代之筮　要義同毛本異作二

宰自右少退

宰自至贊命　今本俱脫毛本亦無此五字

士雖無臣　無陳閩俱誤作爲

故贊命皆在右　要義楊氏同毛本無皆字

是以士喪禮　要義同毛本士下有之字

筮人許諾

於主人受命訖　毛本同陳閩於俱作以

主人爲筮人而言　主人䖏以人爲衍字

作坐文　陳本同毛本作作則

上云所卦者謂　毛本謂下有木字○按此木字卽少牢饋食云卦者在左坐卦以木之木也

卒筮

此言所筮六爻俱了　毛本爻誤作卦

吉事尚提提　要義同毛本事尚作尚事

若不吉

旬之外曰遠某日者據大夫以上禮　要義同毛本日下無者字

後丁若後巳　丁若後巳陳本誤作不若近日

主人戒賓

某猶願吾子之終教之也　毛本願作愿○按愿別一字

後辭上許　陳本要義同毛本上作而下三辭上許同

素所有志　所有毛本作有所○按鄉飲酒禮作所有

主人再拜

案鄉飲酒　毛本酒下有禮字

前期三日

加日爲期　毛本日上有冠字

則改適爲一庶字異餘亦同　毛本作則改適字爲庶字其餘亦同

故鄭引冠義爲證也　毛本義作禮

乃宿賓

此經爲宿賓　陳閩同毛本爲作謂

前期二日宿尸　二陳本要義俱作三毛本作二○按作三是

宿讀爲肅　要義同毛本宿讀二字倒○按祭統注作宿讀

戒輕肅重也者　要義同毛本肅作宿

宿戒尸　要義同毛本作戒宿非也

厥明夕

以冠在廟　要義同毛本冠下有者字

擯者請期

上經布位已訖　訖要義作畢按前後文皆作訖字

夙興設洗

及大小異　小下聶氏有皆字朱子曰及字恐誤○按疏云及其大小異蓋謂論其質則尊卑皆用金罍及論其形制之大小則仍有異耳

卽今之搏風　今監本誤作令博陳本通解要義俱作博一本改作摶○按衛氏禮記集說鄉飲酒義引此亦作摶

漢時門廡也　時要義作之

此亦案漢禮器制度要義無漢字

文不言設之者陳本要義同毛本文誤作又

儀禮注疏卷一挍勘記終

奉新余成教校

儀禮疏卷第二

唐朝散大夫行大學博士弘文館學士臣賈公彥等撰

陳服于房中西墉下東領北上墉牆疏陳服至北上○釋曰自此至東面論陳設衣服器物之等以待冠者喪大記與士喪禮服或西領或南領此東領者此嘉禮異於凶禮故士之冠特先用卑服北上便也

爵弁服纁裳純衣緇帶韎韐此與君祭之服雜記曰士弁而祭於公爵弁者冕之次其色赤而微黑如爵頭然或謂之緅其布三十升纁裳淺絳裳凡染絳一入謂之縓再入謂之赬三入謂之纁朱則四入與純衣絲衣也餘衣皆用布唯冕與爵弁服用絲耳先裳後衣者欲令下近緇明衣與帶同色韎韐緼韍也士緼韍而幽衡合韋為之士染以茅蒐因以名焉今齊人名蒨為韎韐韍之制似韠冠弁者不與衣陳而言於上以冠名服耳今文纁皆作熏疏爵弁至韎韐○釋曰此所陳從北而南故先陳爵弁服○注此與至作熏○釋曰士禮玄冠自祭以爵弁服助君祭故云與君祭之服也云爵弁者冕之次者凡冕以木為體長尺六寸

廣八寸續麻三十升布上以玄下以纁前後有旒其爵弁制大同唯無旒又爲爵色爲異又名冕者俛也低前一寸二分故得冕稱其爵弁則前後平故不得冕名以其尊卑次於冕故云爵弁冕之次也云其色赤而微黑如爵頭然或謂之緅者七入爲緇若以纁入黑則爲紺以紺入黑則爲緅是三入赤再入黑故云其色赤而微黑也云如爵頭然者以目驗爵頭赤多黑少故以爵頭爲喻也以紺再入黑汁與爵同故取鍾氏緅色解之故鄭注鍾氏云今禮俗文作爵言如爵頭色也玄此言赤者對文爲赤若將緅比纁則又黑多矣故淮南子云以涅染紺則黑於涅況更一入黑爲緅乎故巾車云雀飾鄭注云雀黑多赤少之色是也云其布三十升者取冠倍之義是以喪服衰三升冠六升朝服十五升故冕三十升也云纁裳淺絳裳者絳則一染至三染同云淺絳詩云我朱孔陽毛傳云朱深纁也故從一染至三染皆謂之淺絳也云朱則四入與者爾雅及鍾氏皆無四入之文經有朱色故鄭約之若以纁入黑則爲紺若以纁入赤則爲朱無正文故云與以疑之也然上注以解玄緇故引鍾氏染黑法此注解纁故引爾雅染赤法也云純衣絲衣也者案鄭解純字或爲絲或爲色兩解不同者皆望經爲注若色理明者以絲解之若絲理明者以色解之此經玄衣與纁裳相對上玄下纁色理自

明絲理不明則以絲解之昏禮女次純衣注云絲衣以下文有女從者畢袗玄色理自明則亦絲理不明故亦以絲理解之周禮媒氏云純帛無過五兩注云純實緇字也古緇以才爲聲納幣用緇婦人陰也以經云純帛絲理自明故爲色解之祭統云蠶於北郊以共純服絲理自明故鄭亦以色解也論語云麻冕禮也今也純儉以純對麻絲理自明故鄭亦以色解之是況。有不同之事但古緇紂二字並行。若據布爲色者則爲緇字若據帛爲色者則爲紂字但緇布之緇多在本字不誤紂帛之紂則多誤爲純云餘衣皆用布者此據朝服皮弁服玄端服及深衣長衣之等皆以布爲之是以雜記云朝服十五升布玄端亦。服之類則皮弁亦是天子朝服深衣或名麻衣故知用布也云唯冕與爵弁服用絲耳者祭統云王后蠶於北郊以供純服爵弁服是冕服之次故知亦用絲也云先裳後衣者欲令下近緇明衣與帶同色者衣在上宜與冠相近應先言衣今退衣在裳下者若衣與冠同色者先言衣後言裳今爵弁與衣異故退純衣於下使與帶同色也云韎韐緼韍也者此經云韎韐。二者一物故鄭合爲一物解之也云士緼韍而幽衡者玉藻文言幽衡者同繫於革帶故連引之也云合韋爲之者鄭即因解名。緼韍之字。言韐者韋旁著合謂合韋爲之故名韐也云士染以茅蒐因以名焉者案爾雅云茹藘茅蒐孫氏注一名蒨可以染絳若然則一草有此三名矣但周公時名蒨草爲韎草以此韎染韋合之爲韐因名韍爲韎韐也云韍之制似韠者案上注已釋韠制其韍之制亦如之但有飾無飾爲異耳祭服謂之韍其他服謂之韠易困卦九二困於酒食朱韍方來利用享祀是祭服之韍也又案明堂位云有虞氏服韍夏后氏山殷火周龍章鄭云後王彌飾天子備焉諸侯火而下卿大夫山士韎韋而已是士無飾則不得單名韍一名韎韐一名緼韍而已是韍有與緼○異以制同飾異故鄭云韍之制似韠也但染韋爲韍之體天子與其臣及諸侯與其臣有異詩云朱芾斯黃鄭云天子純朱諸侯黃朱詩又云赤芾在股是諸侯用黃朱玉藻再命三命皆云赤韍是諸侯之臣亦用赤韍易困卦九二云困於酒食朱韍方來利用享祀鄭注云二據初辰在未未爲土此二爲大夫有地之象未○上值天廚酒食象困於酒食者采地薄不足已用也二與日○爲體○離○爲鎮霍爻四爲諸侯有明德受命當王者離爲火火色赤四爻辰在午時離氣赤又朱是也文王將王天子制用朱韍故易乾鑿度云孔子曰天子三公諸侯同色因卦困于酒食朱韍方來又云天子三公大夫不朱韍諸侯亦同色者其染之法同以淺絳爲名是天子與其臣純朱諸侯與其臣黃朱爲異也云冠弁不與衣陳而

言於上以冠名服耳者案此文上下陳服則於房緇布冠及皮弁在堂下是冠弁不與服同陳今以弁在服上并言之者以冠弁表明其服耳不謂同陳之也云今文纁皆作熏者纁是色當從絲旁爲之故疊今文不從熏從經文古纁也

皮弁服素積緇帶素韠此與君視朔之服也皮弁者以白鹿皮爲冠象上古也積猶辟也以素爲裳辟蹙其要中皮弁之衣用布亦十五升其色象焉

疏皮弁至素韠○釋曰此皮弁服畢於爵弁故陳之次在爵弁之南上爵弁服下玄端服皆言衣此獨不言衣者以其上爵弁服與爵弁異故言衣下玄端服但冠時用緇布冠不用玄冠既不言冠故言衣也今此皮弁之服用白布衣與冠同色故不言衣也○注此與至象焉○釋曰案玉藻云諸侯皮弁聽朔於大廟又案鄉黨說孔子之服云素衣麑裘鄭云視朔之服視朔之時君臣同服也云皮弁者以白鹿皮爲冠象上古也者謂三皇時冒覆頭句領繞項至黃帝則有冕故世本云黃帝作旒冕禮運云先王未有宮室又云食草木之實鳥獸之肉未有麻絲衣其羽皮鄭云此上古之時則此象上古謂三皇時以五帝爲大古以三皇爲上古也若然黃帝雖有絲麻布帛皮弁至三王不變是以下記云三王共皮弁鄭注云質不變鄭注郊特牲云所不易於先代故

孝經緯云百王同之不改易也家禮圖仍以白鹿皮爲冠故云以白鹿皮爲冠象上古也云積猶辟也以素爲裳辟蹙其要中者經典云素者有三義若以衣裳言素者謂白繒也即此文之等是也畫繢言素者謂白色即論語云繢事後素之等是也器物無飾亦曰素則檀弓云奠以素器之等是也是以鄭云以素爲裳辟蹙其要中也知皮弁之衣亦用十五升布者雜記云朝服十五升此皮弁亦天子之朝服故亦十五升布也然喪服注云祭服朝服辟積無數則祭服皮弁皆辟積無數餘不云者舉皮弁可知不並言也唯喪服裳幅三袧有數耳云其色象焉者謂象皮弁之色用白布也以此言之論語注云素用繒者彼上服裼衣用素也

玄端玄裳黃裳雜裳可也緇帶爵韠此莫夕於朝之服玄端即朝服之衣易其裳耳上士玄裳中士黃裳下士雜裳雜裳者前玄後黃易曰夫玄黃者天地之雜色天玄而地黃士皆爵韋爲韠其爵同不以玄冠名服者是爲緇布冠陳之玉藻曰韠君朱大夫素士爵韋

疏玄端至爵韠○釋曰此玄端服服之下故後陳於皮弁之南陳三等裳者凡諸侯之下皆有二十七士公侯伯之士一命子男之士不命不同一命不命皆分爲三等故服分爲三等之裳以當之上下經三等之服同用緇

帶者以其士唯有一幅緇帶之帶故三服共用之大帶所以束衣革帶所以佩韠及佩玉之等不言革者舉韠有革帶可知故略不言耳三裳之下云可也者欲見三等之士各有所當當者即服之故言可以許之也○注此莫至爵韠○釋曰云此莫夕於朝之服者當是莫夕於君之朝服也案玉藻云君朝服以日視朝于内朝夕深衣祭牢肉是君朝服朝服夕服深衣矣下又云朝玄端夕深衣朝時不服與君不同故鄭注云謂大夫士也則彼朝玄端夕深衣是大夫士家私朝也若然大夫士既服玄端深衣以聽私朝矣○此服注云莫夕於朝之服是士向莫之時夕君之服必以莫○爲夕者朝禮備夕禮簡故以夕言之也若卿大夫莫夕於君當亦朝服矣案春秋左氏傳成十二年晉郤至謂子反曰百官承事朝而不夕此云莫夕者無事則無夕法若夕有事須見君則夕故昭十二年子革云夕哀○十四年子我亦云夕者皆是有事見君非常朝夕之事也云玄端即朝服之衣易其裳耳者上云玄冠朝服緇帶素韠此玄端亦緇帶彼云朝服即此玄端也但朝服亦得名端故論語云端章甫鄭云端諸侯視朝之服耳皆以十五升布爲緇色正幅爲之同名也云易其裳耳者彼朝服素韠韠同裳色則裳亦素此既易其裳以三等裳同爵韠則亦易之矣不言者朝服言素韠不言裳故須言易彼言素韠

此云爵韠於文自明故不須言易也云上士玄裳中士黃裳下士雜裳者此無正文直以諸侯之士皆有三等之裳故還以三等之士記之但玄是天色黃是地色天尊而地卑故上士服玄中士服黃下士當雜裳雜裳者還用此玄黃但前陽後陰故知前玄後黃也云易曰者是文言文引之者證此裳等是天地二色爲之云士皆爵韋爲韠其爵同者三裳同云爵韠故知三等之士同用爵韋爲韠也其爵韋者所引玉藻文是也云不以玄冠名服者是爲緇布冠陳之者今不以玄冠表此服者此爲冠時緇布冠陳之冠既不用玄冠故不言也云玉藻者案彼注云此玄端服之韠也云韠者與下君大夫士爲總目韋者又總三者用韋爲之言君朱大夫素士爵者韠之韋色也云君朱者見五等諸侯則天子亦朱矣韠同裳色則天子諸侯朱裳士言爵則此經爵韠亦一也以其裳有三等爵亦雜色故同爵韠若然大夫素裳則與朝服不異者禮窮則同也

緇布冠缺項青組纓屬于缺緇纚廣終幅長六尺皮弁笄爵弁笄緇組紘纁邊同篋

缺讀如有頍者弁之頍緇布冠無笄者著頍圍髮際結項中隅爲四綴以固冠也項中有緅亦由固頍爲之耳今未冠笄

者著卷幘頍象之所生也滕薛名蔮爲頍屬猶著纚今之幘梁也終充也纚一幅長六尺足以韜髮而結之矣笄今之簪有笄者屈組爲紘垂爲飾無笄者纓而結其絛纁邊組側赤也同篋謂此上凡六物隋方曰篋

疏緇布至同篋○注缺讀至曰篋○釋曰云缺讀如有頍者弁之頍者諸從頍弁詩義取在首頍者弁貌之意也云緇布冠無笄者案經皮弁爵弁言笄緇布冠不言笄故云無笄也云著頍圍髮際者無正文約漢時卷幘亦圍髮際故知也云結項者此亦無正文以經云頍明于項上結之也云隅爲四綴以固冠也者此亦無正文以義言之既武以下別有頍項明于首四隅爲綴上綴于武然後頍項得安穩也云項中有緇亦由固頍爲之耳者此亦無正文以義言之頍之兩頭皆爲緇別以繩穿緇中結之然後頍得牢固故云亦由固頍爲之也云今之未冠笄者著卷幘頍象之所生者此舉漢法以況義耳漢時男女未冠笄者首著卷幘之狀雖不智知既言頍圍髮際故以冠之明漢時卷幘亦以布帛之等圍繞髮際爲之矣云頍象之所生者漢時卷幘是頍之遺象所生至漢時故云頍象之所生也云滕薛名蔮爲頍者此亦舉漢時事以況之漢時滕薛二國云蔮蔮卷幘之類亦遺象故爲況也云纚今之幘梁者亦舉漢法爲況耳幘梁之狀鄭目驗而知至今久遠亦未審

也云纚一幅長六尺足以韜髮而結之矣者人之長者不過六尺纚六尺故云足以韜髮既云韜髮乃云結之則韜訖乃爲紒矣云有笄者即經云皮弁及爵弁皆云笄者是有笄也云屈組爲紘者經緇組紘纁邊是爲有笄者而設言屈組謂以一條組於左笄上繫定遶頤下又相向上仰屬于笄屈繫之有餘因垂爲飾也云無笄者纓而結其條者無笄即經緇布冠是也則以二條組兩相屬于頍故經云組纓屬于頍也既屬訖則所垂條于頤下結之故云纓而結其條也云纁邊組側赤也者纁是三入之赤色又云邊則于邊側赤也若然以緇爲中以纁爲邊側而織之也云同篋謂此上凡六物者緇布至屬于頍共爲一物纚長六尺二物皮弁笄三物爵弁笄四物其緇組紘纁邊皮弁爵弁各有一則爲二物通前四爲六物云隋方曰篋者爾雅無文此對笥方而不隋也隋謂狹而長也案周禮弁師云掌五冕而云玉笄朱紘則天子以玉爲笄以朱爲紘又案祭義云天子冕而朱紘諸侯冕而青紘諸侯之笄亦當用玉矣又案弁師韋弁與皮弁同科皮弁有笄則二者亦有笄矣又爲笄者屬纓不見有緌則六冕無緌矣然士緇布冠無緌故下記云孔子曰其緌也吾未之聞也若諸侯亦以緇布冠爲始冠之冠則有緌故玉藻云緇布冠繢緌諸侯之冠也鄭注云尊者飾其大夫紘案禮器云管

仰鏤簋朱紘鄭注云大夫士當緇組紘纁邊是也其笄亦當用象耳**櫛實于簞**簞笥也疏櫛實于簞○注簞笥也○釋曰鄭注曲禮圓曰簞方曰笥笥與簞方圓有異而云簞笥共爲一物者鄭與其類注論語亦然**蒲筵二在南**筵席也疏蒲筵二在南○注筵席也○釋曰筵二者一爲冠子即下云筵于東序少北是也一爲醴子即下云筵于戶西南面是也云在南者最在南頭對下文側尊一甒醴在服北也鄭注云筵席也者鄭注周禮司几筵云敷陳曰筵藉之曰席然其散言之筵席通矣前敷在地者皆言。藉取相承之義是以諸席在地者多言筵也**側尊一甒醴在服北有篚實勺觶角柶脯醢南上**側猶特也無偶曰側置酒曰尊側者無玄酒服北者纁裳北也篚竹器如笭者勺尊升所以斟酒也爵三升曰觶柶狀如匕以角爲之者欲滑也南上者篚次尊籩豆次篚古文甒作廡疏側尊至南上○注側猶至作廡○釋曰云側猶特也無偶曰側置酒曰尊側者無玄酒者凡禮之通例稱側有二一者無偶特一爲側則此文側是也又昏禮云側尊甒醴于房中亦是無玄酒曰側至於昏禮合升側載聘禮云側襲士虞禮云側尊此皆是無偶爲側之類也一者聘禮云側受几者側是旁側之義也云服北者纁裳北也者此上先陳爵弁服之時纁裳最在北向南陳之此云服北明在纁裳北可知也云篚竹器如笭者其字皆竹下爲之故以竹器言之如笭者亦舉漢法爲況也云勺尊斗所以𣂏酒也者案少牢云罍水有枓與此勺爲一物故云尊斗。對彼是罍枓所以𣂏水則此爲尊枓。𣂏酒者也云爵三升曰觶者案韓詩外傳云一升曰爵二升曰觚三升曰觶四升曰角五升曰散相對爵觶有異散文則通皆曰爵故鄭以爵名觶也云柶狀如匕以角爲之者欲滑也者對士喪禮用木柶者喪禮反吉也云南上者篚次尊籩豆次篚知然者以經云尊在服北南上則是從南北向陳之以尊爲貴次云篚後云籩豆故知次第然也云古文甒作廡者此甒爲酒器廡是夏屋兩下故不從古文也

爵弁皮弁緇布冠各一匴。執以待于西坫南南面東上賓升則東面

爵弁者制如冕黑色但無繅耳周禮王之皮弁會五采玉璂象邸玉笄諸侯及孤卿大夫之冕皮弁各以其等爲之則士之皮弁又無玉象邸飾緇布冠今小吏冠其遺象也匴竹器名。今之冠箱也執之者有司也坫在堂角古文匴作。篹。坫作。襜。

疏

爵弁至東面○釋曰此一節論使有司三人各執其一豫在階以待冠事賓未入南面以向賓在堂亦以向賓言升則東面據終言之也○注爵弁至作纁○釋曰云爵弁者制如冕而黑色但無繅耳者已於上解訖今復言之者上文直舉冠以表服其冠實不陳故畧言其冠至此專爲冠言之是以注弁引皮弁以下之事案弁師言冕有五采繅玉皮弁有五采玉璂象邸玉笄下云諸侯及孤卿大夫之冕韋弁皮弁弁經各以其等爲之鄭注云各以其等繅斿玉璂如其命數也但上文巳言上公之法故此諸侯唯據侯伯子男是以鄭云冕則侯伯繅七就用玉九十八子男繅五就用玉五十繅玉皆三采孤繅四就用玉三十二三命之卿繅三就用玉十八再命之大夫繅再就用玉八藻玉皆朱綠韋弁皮弁則侯伯璂飾七子男璂飾五玉亦三采孤則璂飾四三命之卿璂飾三再命之大夫璂飾二玉亦二采弁經之弁其辟積如冕繅之就然庶人弔者素委貌一命之大夫冕而無斿士變冕爲爵弁其韋弁皮弁之會無結飾弁經之弁不辟積彼經文具言之今此注畧引以證士皮弁無玉以象爲飾之意不取於韋弁弁經及依命數之事故不具引之云緇布冠今小吏冠其遺象也者但緇布冠士爲初加之冠冠訖則弊之不用庶人則常著之故詩云臺笠緇撮是庶人以布冠常服者以漢之

小吏亦常服之故舉爲況云匴竹器名今之冠箱也者此亦舉漢法爲況云執之者有司也者則上云有司如主人服有司不主一事故知此亦有司也云坫在堂角者但坫有二文一者謂若明堂位云崇坫亢圭及論語云兩君之好有反坫之等在廟中有之以亢反爵之屬此篇之內言坫者皆據堂上角爲名故云堂角云古文匴爲篹坫作檐者皆從經今文故疊古文也

主人玄端爵韠立于阼階下直東序西面玄端士入廟之服也阼猶酢也東階所以荅酢賓客也堂東西牆謂之序疏○主人至西面○釋曰上文已陳衣冠器物自此以下至外門外論賓主兄弟等著服及位處也云玄端爵韠者主人之服與上所陳子加冠玄端服亦一也云立於阼階下者時欲與賓行禮之事也云直東序者直當也謂當堂上東序牆也○注玄端至之序○釋曰案特牲士禮祭服用玄端此亦士之加冠在廟故與祭同服故云士入廟之服也云東西牆謂之序者爾雅釋宮文

兄弟畢袗玄立于洗東西面北上兄弟主人親戚也畢猶盡也袗同也玄者玄衣玄裳也緇帶韠位在洗東退於主人不爵韠者降於主人也古文袗爲均也疏兄弟至北上○釋曰

此論兄弟來觀禮之服也○注兄弟至均也○釋曰云兄弟主人親戚也者既云兄弟故是親戚云袗同也玄者玄衣玄裳也緇帶韠者以其同玄故知上下皆玄云緇帶韠者緇亦玄之類因士有緇帶故韠亦言緇實亦玄也云位在洗東退於主人者主人當序南西面洗當榮兄弟又在洗東故云退於主人也云不爵韠者降於主人也者爵弁同色主人尊故也兄弟用緇韠不用爵韠兄弟卑故云降於主人也

擯者玄端負東塾東塾門內東堂負之北面疏擯者至東塾○釋曰擯者不言如主人服別言玄端則與主人不同可知主人與兄弟不同故特言玄端與下贊者玄端從之同言玄則此擯者是主人之屬中士若下士也故直舉玄端不言裳也○注東塾至北面○釋曰知是擯者是主人擯相事在門內故知在門內東堂負之北面向主人也

將冠者采衣紒在房中南面采衣未冠者所服玉藻曰童子之節也緇布衣錦緣錦紳并紐錦束髮皆朱錦也紒結髮古文紒爲結疏將冠至南面○注采衣至爲結○釋曰將冠者即童子二十之人也以其冠事未至故言將冠者也云緇布衣錦緣者以其童子不帛襦袴不衣裘裳故云緇布衣以錦爲緇布衣之緣也云錦紳者以錦爲大帶

也云并紐者亦以錦爲紐紳之垂也云錦束髮者以錦爲總云皆朱錦也者童子之錦皆朱錦也云紒結髮者則詩云總角丱兮是也以童子尚華飾故衣此也

賓如主人服贊者玄端從之立于外門之外外門大門外疏賓如至之外○注外門大門外○釋曰云賓如主人服者以其賓與主人尊卑同故得如之贊者皆降主人一等其衣冠雖同其裳則異故不得如主人服故別玄端也若然此冠兄弟及賓贊皆得玄端特牲主人與尸祝佐食玄端自餘皆朝服者彼助祭在廟緣孝子之心欲得尊嘉賓以事其祖禰故朝服與主異也

擯者告告者出請入告疏擯者告○注告者出請入告○釋曰出請入告者告主人也

主人迎出門左西面再拜賓荅拜左東也出以東爲左入以東爲右疏主人至荅拜○注左東至爲右○釋曰出以東爲左入以東爲右據主人在西出則以西爲右入以西爲左也

主人揖贊者與賓揖先入贊者賤揖之而已又與賓揖先入道之贊者隨賓疏主人至先人○注贊者至隨賓○釋曰云贊者賤揖之而已者正謂贊者降于

主人與賓一等爲賤也云又與賓揖者對前爲賓拜訖今又揖者爲主人將先入故又與賓揖乃入也云贊者隨賓者後不見更與贊者爲禮故知隨賓入也**每曲揖**周左宗廟入外門將東曲揖直廟將北曲又揖疏每曲揖○注周左至又揖○釋曰周左宗廟者祭義與小宗伯俱有此文對殿右宗廟也言此皆欲見入大門東向入廟云入外門將東曲揖者主人在南賓在北俱東向是一曲故一揖也至廟南主人在東北面賓在西北面是曲爲二揖故云直廟將北曲又揖也通下將入廟又揖三也**至于廟門揖入三揖至于階三讓**入門將右曲揖將北曲揖當碑揖疏至于至三讓○注入門至碑揖○釋曰經直云入門揖鄭知此爲三揖者以上云每曲揖據入門東行時此入廟門三揖是據主人將右欲背客宜揖將北曲與客相見又揖云當碑揖者碑是庭中之大節又宜揖是知三揖據此而言也案昏禮注入三揖者至內霤將曲揖既曲北面揖當碑揖及聘禮鄉飲酒入三揖注雖不同皆據此三節爲三揖義不異也**主人升立于序端西面賓西序東面**主人賓俱升立相鄉疏主人至東面○注主人至相鄉○釋曰此文主

人與賓立相鄉位定將行冠禮者也主人升堂不拜至者冠子爲賓客故異於鄉飲酒之等也

贊者盥于洗西升立于房中西面南上盥於洗西由賓階升也立于房中近其事也南上尊於主人之贊者古文盥皆作浣

疏 贊者至南上。注盥於至作浣。釋曰此賓者之贊冠者不在堂升即位于房中與主人贊者並立者以其與主人贊者俱是執勞役之事故先入房並立待事故鄭云近事也云盥於洗西由賓階升也者贊者盥於洗西無正文案鄉飲酒主人在洗北南面賓在洗南北面如此相鄉又主人從內賓從外來之便贊者亦從之又卑不可與賓並明在洗西東面及向賓階便知在洗西也云由賓階升者以與主人贊者在房並立恐由阼階故明之同於賓客也云南上尊於主人之贊者以其賓主贊者俱降一等兩贊尊卑同而云尊者直以主人尊敬賓之贊故云尊於主人之贊又知與主人贊並立者以贊冠一人而已而云南上明與主人爲序也

主人之贊者筵于東序少北西面主人之贊者其屬中士若下士筵布席也東序主人位也適子冠於阼少北辟主人

疏 主人至西面。注主人至主人。釋曰云主人之贊者其屬中士若

下士者以主人上士爲正故云其屬中士若主人是中士贊是其屬下士爲之賓與贊冠者同云筵布席也者謂布冠者席也云東序主人位也者引冠義云適子冠於阼爲證是也

將冠者出房南面南面立于房外之西待賓命

【疏】將冠至南面。注南面至賓命。釋曰知在房外之西不在東者以房外之東南當阼階是知房外者皆在房外之西故昏禮女出于母左母在房外之西故得出時在母左也云待賓命者以其下文有賓揖將冠則賓有命也

贊者奠纚笄櫛于筵南端贊者賓之贊冠者也奠停也古文櫛爲節

【疏】贊者至南端。注贊者至爲節。釋曰前頍項已下六物同一篋陳於房今將用之故贊冠者取置于將冠之席南擬用若然六者俱用不言纓紘等四物大器其實皆有可知不言櫛處于簞今亦并簞將來置於席南端也服不將來置於席南者皆加冠訖宜房中隱處加服訖乃見容體也知贊者是其賓之贊冠者也者以其贊冠者主爲冠事而來故知取笄纚是賓之贊冠者若非賓之贊者則云主人以別之故上云主人之贊者是也

賓揖將冠者將冠者即筵坐贊者坐櫛設纚即就設施

疏賓揖至設纚。○釋曰此二者勞役之事故贊者爲之也

賓降主人降賓辭主人對主人降爲賓將盥不敢安位也辭對之辭未聞疏賓降至人對。○釋曰云辭對之辭未聞者上篇賓宿賓之時雖不言其辭下皆陳其辭此賓主之辭下皆不言故云未聞也

賓盥卒壹揖壹讓升主人升復初位揖讓皆壹者降於初古文壹皆作一疏賓盥至初位。○釋曰云主人升復初位者謂初升序端也。○注古文壹皆作一。○釋曰一壹得通用雖疊古文不破之也

賓筵前坐正纚興降西階一等執冠者升一等東面授賓正纚者將加冠宜親之興起也降下也下一等升一等則中等相授冠緇布冠也疏賓筵至授賓。○注正纚至冠也。○釋曰云正纚者將加冠宜親之者以其贊者前已設纚訖今賓復出正之者雖舊設已正以親加冠故纚亦宜親之也云下一等升一等則中等相授者案匠人天子之堂九尺賈馬以爲傍九等爲階則諸侯堂宜七尺則七等階大夫堂宜五尺則五等階士宜三尺則三等階故鄭以中等解之也知冠是緇布冠者以下文有皮

弁爵弁故知此是緇布冠也

賓右手執項左手執前進容乃鵠焉至則立祝坐

進容者行翔而前鵠焉至則立祝坐

祝坐如初乃冠興復位贊者卒

如初坐筵前興起也復位西序東面卒謂設缺項結纓也

【疏】賓右至者卒○注進容至纓也○釋曰知進容者行翔而前鵠焉者曲禮云堂下不趨室中不翔則堂下固得翔矣又云大夫濟濟士蹌蹌注云皆行容止之貌此進容是士故知進容謂行翔而前鵠焉云至則立祝者以經祝下乃云坐如初故祝時立可知云坐如初坐筵前者上正纚時筵前坐是初坐也云卒謂設缺項結纓也者下文皮弁贊者卒紘此謂緇布冠無笄紘直頍項青組纓屬於頍故卒者終頍項與結纓也若然經云右手執項謂冠後爲項非頍項其下皮弁爵弁無頍項皆云執項故知非頍項也

冠者興賓揖之適房服玄端爵韠出房南面

復出房南面者一加禮成觀衆以容體○

【疏】冠者至南面○注復出至容體○釋曰言復者對前出房房故云復前出爲待賓命此出爲觀衆以容體也案郊特牲論加冠之事云加有成也故此鄭云一加禮成也云觀衆以容體者以其旣去緇布

衣錦緣童子服著此玄端成人之服使衆觀知故云觀衆以容體也賓揖之即筵坐櫛設笄賓盥正纚如初降二等受皮弁右執項左執前進祝加之如初復位贊者卒紘如初爲不見者言也卒紘謂繫屬之

疏 賓揖至卒紘○注如初至屬之○釋曰此當第二加皮弁之節云即筵坐櫛者坐訖當脫緇布冠乃更櫛也云設笄者凡諸設笄有二種一是紒内安髮之笄一是皮弁爵弁及六冕固冠之笄今此櫛訖未加冠即言設笄者宜是紒内安髮之笄也若安髮之笄則緇布冠亦宜有之前櫛訖不言設笄者以其固冠之笄緇布冠無笄而皮弁爵弁有笄上文已陳訖今若緇布冠亦言設笄即與皮弁爵弁相亂故緇布冠不言設笄其實亦有也若然緇布冠不言設笄而言設纚皮弁冠言設笄不言設纚互見爲義明皆有也其於固冠之笄則於賓加弁之時自設之可知云如初爲不見者言也者上加緇布冠時有賓降主人降賓辭主人對賓盥卒一揖一讓升升主人升復初位賓筵前坐之等相次此皆不見故設經省文如之而已故云爲不見者言也云卒紘謂繫屬之者即上注云有笄者屈組以爲紘仰

屬之左相繫定右相綴。繫擬解時易爲繫屬之也與賓揖之適房服素積素韠容出房南面容者再加彌成其儀益繁【疏】與賓至南面○釋曰與謂冠者加皮弁訖起待賓揖之也云適房服素積素韠者上陳服皮弁云緇帶素韠此不言緇帶者上唯有一帶不言可知故不言也○注容者至益繁○釋曰此對上加緇布冠時直言出房南面不言容此則言容以再加彌成其儀益繁故言容其實彼出亦是容故鄭注云觀衆以容體也賓降三等受爵弁加之服纁裳韎韐其他如加皮弁之儀降三等下至地他謂卒紘容出【疏】賓降至之儀○注降三至容出○釋曰云降三等下至地者據士而言云他謂卒紘容出者以其自餘皆緇布冠見訖皮弁如之而已至卒紘容出唯皮弁有之故知他謂此二者也徹皮弁冠櫛筵入于房徹者贊冠者主人之贊者爲之【疏】徹皮至于房○注徹者至爲之○釋曰冠即緇布冠也不言緇布冠者可知故也皮弁具言者以有爵弁之嫌然不言爵弁者著之以受醴至見母兄弟姑姊訖乃易服故也云徹者贊冠者

主人之贊者爲之者以其贊冠者負櫛主人之贊者設筵故知還遣之也**筵于戶西南面**筵主人之贊者戶西室戶西

疏筵于戶西南面○注筵主至戶西○釋曰知主人之贊者設筵者以上文筵于東序已遣主人之贊故知此亦主人之贊者也云戶西室戶西者以下記醮于客位在戶西醮醴同處故知戶西也

贊者洗于房中側酌醴加柶覆之面葉洗盥而洗爵者昏禮曰房中之洗在北堂直室東隅篚在洗東北面盥側酌者言無爲之薦者面前也葉柶大端贊酌者賓尊不入房古文葉爲擖

疏贊者至面葉○注洗盥至爲擖○釋曰云洗盥而洗爵者凡洗爵者必先盥盥有不洗洗爵者此經直云洗明盥手乃洗爵故鄭云盥而洗爵引昏禮房中之洗至北面盥者證房中有洗之事若然前設洗于庭者不爲醴以房中有洗醴尊也云側酌者言無爲之薦者謂無人爲之薦脯醢還是此贊者故下直言薦脯醢不言別有他人明還是贊者也昏禮贊醴婦是贊者自酌自薦經雖不言側酌側自明也云葉柶大端者謂扱醴之面柄細故以爲柶大端此與昏禮賓皆云面葉者此以賓尊不入戶贊者面葉授賓賓得面枋授冠者冠者得之面葉以扱醴而祭昏禮賓亦主人尊不入

房贊者面葉以授主人主人面枋以授賓賓得面葉以扱祭至於聘禮禮賓宰夫實觶以醴加柶于觶面枋授公者凡醴皆設柶聘禮宰夫不訝授公側受醴則還面枋以授賓故面枋也

賓揖冠者就筵筵西南面賓受醴于戶東加柶面枋筵前北面

戶東室戶東今文枋爲柄 疏 賓揖至北面○注戶東至爲柄○釋曰知室戶東者以其冠者筵室戶西賓自至房戶取醴酌醴者出向西西以授也

冠者筵西拜受觶賓東面荅拜

筵西拜南面拜也賓還荅拜於西序之位東面者明成人與爲禮異於荅主人 疏 冠者至荅拜○注筵西至主人○釋曰云筵西拜南面拜也者上云冠者筵西南面知以觶拜還南面也知賓東面在西序者以上文與主人相對本位於西序也云東面者明成人與爲禮異於荅主人者案鄉飲酒鄉射賓於西階北面荅主人拜今此於西序東面拜故云異於荅主人又昏禮禮賓聘禮禮賓皆云拜送此云荅拜不云拜送者彼醴是主人之物故云拜送此醴非賓物故云荅拜也

薦脯醢

贊冠者也 疏 薦脯醢○注贊冠者也○釋曰上文云贊側酌醴是贊冠者明此薦亦是贊冠

者也冠者即筵坐左執觶右祭脯醢以柶祭醴三興筵末坐啐醴建柶興降筵坐奠觶拜執觶興賓荅拜建柶扱柶於醴中其拜皆如初古文啐爲呼疏○冠者至荅拜○釋曰云祭醴三興者三祭者一如昏禮始扱一祭又扱再祭也云筵末坐啐醴建柶興降筵此啐醴不拜既爵者以其不卒爵故不拜也冠者奠觶于薦東降筵北面坐取脯降自西階適東壁北面見于母薦東薦左凡奠爵將舉者於右不舉者於左適東壁者出闈門也時母在闈門之外婦人入廟由闈門疏冠者至於母○注薦東至闈門○釋曰云薦東薦左者據南面爲正故云薦左也云凡奠爵將舉者於右者謂若鄉飲酒鄉射是也此文及昏禮贊醴婦是不舉者皆奠之於左也云適東壁者出闈門也者宮中之門曰闈門母既冠子無事故不在門外今子須見母故知出闈門也云婦人入廟由闈門者雜記云夫人奔喪入自闈門升自側階鄭注云宮中之門曰闈門爲相通者也是也母拜受

子拜送母又拜婦人於丈夫雖其子猶俠拜疏母拜至又拜○注婦人至俠拜○釋曰鄭云婦人於丈夫雖其子猶俠拜者欲見禮子之體例但是婦人於丈夫皆使俠拜故舉子以見義也賓降直西序東面主人降復初位初位初至階讓升之位疏賓降至初位○釋曰此將欲與冠者造字而迎之位也○注初位至之位○釋曰云初位初至階讓升之位者謂初迎賓至階讓升之位其賓直西序則非初讓升之位主人直東序西者欲迎其事聞字之言故也冠者立于西階東南面賓字之冠者對對應也其辭未聞疏冠者至者對○注對應至未聞○釋曰云賓字之者即下文有字辭又有某甫之字若孔子云尼父之字是也云其辭未聞者下有賓祝辭不見冠者應辭故云未聞也案禮記冠義云既冠而字之成人之道也見於母母拜之據彼則字訖乃見母此文先見乃字者此文見母是正見彼見母在下者記人以下有兄弟之等皆拜之故退見母於下使與兄弟拜文相近也若然未字先見母字訖乃見兄弟之等者急於母緩於兄弟也賓出主人送于廟門

外不出外門將醴之【疏】賓出至門外○注不出至醴之○釋曰以下云請醴賓故云將醴之也請

醴賓賓禮辭許賓就次此醴當作禮禮賓者謝其自勤勞也次門外更衣處也以帷幕簟席爲之【疏】請醴至就次○注此醴至爲之○釋曰云此醴當作禮者對上文有酌醴受醴之等不破之此醴當爲上於下之禮不得用醴禮即從醴字何者周禮云諸侯用鬯不云鬯賓明不得以醴禮賓即爲醴故破從禮也云次門外更衣處也者次者舍之名以其行禮衣服或與常服不同更衣之時須入於次故云更衣處也云必帷幕簟席爲之者案聘禮記云宗人授次次以帷少退于君之次注云主國之門外諸侯及卿大夫之所使者次位皆有常處又案周禮幕人掌帷幕幄帟綬之事注云帷幕皆以布爲之四合象宮室曰幄云簟席者士卑或用簟席是以雜記諸侯大夫喪皆用布士用簟席爲之次亦當然

冠者見於兄弟兄弟再拜冠者答拜見贊者西面拜亦如之見贊者西面拜則見兄弟東面拜贊者後賓出【疏】冠者至如之○注見贊至賓出○釋曰兄弟位在東方此贊冠者則賓之類故贊者東面也言贊者先拜

冠者荅之也知贄者後賓出者文於見兄弟下始見之明贄者後賓出也出亦當就次待禮之也入見姑姊如見母入入寢門也廟在寢門外如見母者亦北面姑與姊亦俠拜也不見妹妹卑

疏 入見至見母○注入入至妹卑○釋曰男子居外女子居内廟在寢門外入見入寢門可知不見父與賓者蓋冠畢則已見也不言者從可知也云不見妹妹卑者以其妹卑於姑姊故不見也

乃易服服玄冠玄端爵韠奠摯見于君遂以摯見於鄉大夫鄉先生易服不朝服者非朝事也摯雉也鄉先生鄉中老人爲卿大夫致仕者

疏 乃易至先生○注易服至仕者○釋曰云易服服者爵弁既助祭之服不可服見君與先生等故易服服玄端也云易服服不朝服者非朝事也者此乃因加冠以成人之禮見君非正服之節故不朝服經直云玄端則兼玄冠矣今更云玄冠者以初冠時服玄端爲緇布冠服緇布冠非常著之冠而弊之易服宜服玄冠配玄端故兼云玄冠也朝服與玄端同玄端則玄裳黃裳雜裳黑屨若朝服玄冠玄端雖同但裳以素而屨色白也以其但正幅故朝服亦得端名然六冕皆正幅故亦名端是以樂記

云魏文侯端冕而聽古樂又論語云端章甫鄭云端玄端諸侯視朝之服則玄端不朝得名爲玄端也云摯雉也者士執雉是其常故知摯是雉也云鄉先生鄉中老人爲卿大夫致仕者者此即鄉飲酒與鄉射記先生及書傳父師皆一也先生亦有士之少師鄭不言者經云鄉大夫不言士故先生亦畧不言其實亦當有士也

乃醴賓以壹獻之禮壹獻者主人獻賓而已即燕無亞獻者獻酢酬賓主人各兩爵而禮成特牲少牢饋食之禮獻尸此其類也士禮一獻鄉大夫三獻禮賓不用柶者泲其醴內則曰飲重醴清糟稻醴清糟黍醴清糟粱醴清糟凡泲醴事質者用糟文者用清

疏乃醴亦之禮○注壹獻至用清○釋曰此醴亦當爲禮不言可知也云壹獻者主人獻賓而已即燕無亞獻者者案特牲少牢主人獻尸主婦亞獻爲二獻此則主人獻賓而已無亞獻知即燕者鄉飲酒末有燕故知獻後有燕云獻酢酬賓主人各兩爵而禮成者主人獻賓賓酢主人主人將酬賓先自飲訖乃酬賓賓奠而不舉是賓主人各兩爵而禮成也必知一獻之禮禮備有酬酢者昏禮舅姑饗婦以一獻之禮奠酬得正禮不旅又曰婦酢舅更爵自薦是備酬酢也鄉飲酒亦備獻酢酬是其義也云特牲少牢饋食之禮獻尸此其類也者此賓主人各兩爵無亞

獻彼主人主婦各一爵有亞獻雖不同得主人一獻義類同故云此其類也云士禮一獻者即士冠及昏禮鄉飲酒禮鄉射皆是一獻也云卿大夫三獻者案左氏傳云季孫宿如晉拜莒田也晉侯享之有加籩武子退使行人告曰小國之事大國也苟免於討不敢求貺得貺不過三獻又禮記郊特牲云三獻之介亦謂卿大夫三獻之介案大行人云上公饗禮九獻侯伯七獻子男五獻是以大夫三獻士一獻亦是其差也云禮賓不用柶者泲其醴者此有獻酢酬飲之泲者故不用柶冠禮禮子用醴不泲故用柶也云内則曰飲者鄭注云目諸飲也云重○醴清糟者鄭云重陪也糟醇○也清泲也致飲有醇者有泲者陪設之稻醴以下是也云凡禮事質者用糟文者用清者質者謂若冠禮禮子之類是也故以房戶之閒顯處設尊也

主人酬賓束帛儷皮飲賓客而從之以財貨曰酬所以申暢厚意也束帛十端也儷皮兩鹿皮也古文儷爲離

疏主人至儷皮○注飲賓至爲離○釋曰主人酬賓當奠酬之節行之以財貨也此禮賓與饗禮同但爲饗禮有酬幣則多故聘禮云若不親饗致饗以酬幣注云禮幣束帛乘馬亦不是過也又案大藏禮云禮幣采飾而四馬是大夫禮多與士異也案禮器云琥璜爵鄭云天子酬諸侯諸侯相酬以此玉將幣也

則又異於大夫也下凡酬幣之法尊卑獻數多少不同及其酬幣雖於賓酬之節一行而已春秋秦后子出奔晉后子享晉侯歸取酬幣終事八反杜注云備九獻之儀始禮自齎其一故續送其八酬酒幣彼九獻之閒皆云幣春秋之代奢侈之法非正禮也云束帛十端也者禮之通例凡言束者無問脯與錦皆以十爲數也云儷皮兩鹿皮也者當與射禮庭實之皮同禮記郊特牲云虎豹之皮示服猛也又覲禮用馬則國君用馬或虎豹皮若臣聘則用鹿皮故鄭注聘禮云凡君於臣臣於君麋鹿皮可也言可者以無正文若然兩說諸侯自相見亦用虎豹皮也

贊者皆與贊冠者爲介贊者衆賓也皆與亦飲酒爲衆賓介賓之輔以贊爲之尊之飲酒之禮賢者爲賓其次爲介

疏贊者至爲介○注贊者至爲介○釋曰鄭知贊者衆賓者以其下別言贊冠者明上云贊者是衆賓也云介賓之輔者以其鄉飲酒之禮賢者爲賓其次爲介又其次爲衆賓彼據將貢以爲優劣之次也此雖不貢以飲酒之禮立賓主亦以優劣立介以輔也云以贊爲之尊之者謂賓此贊冠者故遣爲介也云飲酒之禮賢者爲賓其次爲介者取尊爲義也

賓出主人送于外門外再拜歸賓俎一獻之禮

有薦有俎其牲未聞［疏］賓出至賓俎○注一獻至家也○釋曰賓不言薦脯醢者案舅姑共饗婦以一獻有姑薦則此一獻亦有薦脯醢可知經有俎必有特牲但鄉飲酒鄉射取擇人而用狗此冠禮無擇人之義則不用狗但無正文故云其牲未聞也知使人歸諸賓家者以賓出主人送於門外乃始言歸賓俎明歸於賓家也

使人歸諸賓家也

儀禮疏卷第二

江西督糧道王賡言廣豐縣知縣阿應鱗栞

儀禮注疏卷二挍勘記

阮元撰盧宣旬摘録

陳服于房中西墉下

陳服至北上　按單疏分五十卷與唐書新舊志合今本俱依注作十七卷兹紀單疏每卷起訖以存舊式浦鏜云疏中自此至東面云云十八字已見上夙興節疏此重出○今按此兩節適在兩卷交接之處故重言之浦未見單疏本故未喻其重出之故

故士之冠特　陳本要義同毛本通解特作時要義士之作也士

爵弁服

此與君祭之服　與通典作助按若作與當讀去聲而釋文無音疑作助是也因下注此與君視朔之服相涉而誤耳

再入謂之赬　入釋文作染下二字同張氏曰爾雅有再染三染之文此鄭氏用染字之據也○按爾雅

云一染謂之縓再染謂之赬三染謂之纁鄭氏既據爾雅何以一入不稱染不若依今本概作入字爲是

今齊人名蒨爲韎韐 集釋按云疏云周公時名蒨爲韎草韐是蒨一名韎而韎名韎韐蒨不得名韎韐也韐字乃衍文○按韎者茅蒐之別名也韐者所以代韠也自後人誤讀毛傳妄改鄭箋遂併此注而亦誤矣戴侗六書故卷十八韎字下引鄭氏曰齊人謂蒨爲韎又韐字下引鄭康成曰韐韍之制似韠以韐字屬下句與疏不合其讀上句郤正與疏合錄此以見宋儒亦有覺其誤而改其讀者

冠弁者 盧文弨云者字衍

士禮元冠自祭 陳閩同毛本冠作端

是況有不同之事 毛本同要義況作注

但古緇紂二字竝行 要義同毛本紂作色

元端亦服之類 浦鏜云亦下當脫朝字

此經云韎韐浦鏜云下當脫禮記云縕紱縕紱韎韐九字

鄭卽因解名縕韍之事名陳閩要義俱作名毛本作明事諸本俱作字

是紱有與縕異浦鏜云縕當韠字之誤○按疑當云是韍又與縕韍異

二與日爲體離爲鎮霍上六字要義曰當云二與四爲離體霍陳閩俱誤作瞿

緇布冠及皮弁在堂下陳本要義同毛本皮上無及字皮下有爵字

當從絲旁爲之段玉裁按本絲作糸

皮弁服

冒覆頭句頷繞項毛本冒上有以白鹿皮四字句作鉤通解與毛本同

至黃帝則有冕冕陳閩俱作異○按下云黃帝作旒冕則異字非也

繢事後素之等是也繢毛本作繪是毛本作事諸本俱作是

素用緇者　陳閩同毛本緇作繒

元端

天地之雜也　也徐本作色張氏云鄭氏正引易文不必改也爲色也字近色傳寫者誤耳○按漢時六經異文甚多張說未確通解亦從張氏

不同一命不命　浦鏜云同當問字之誤盧文弨云不同二字屬上亦可

各有所當當者即服之　當字陳閩俱不重非也

朝時不服　不要義作所按要義是

以聽私朝矣　矣要義作衣屬下句

必以莫爲夕者　莫爲疑當作爲莫

無事則無夕法　陳閩要義同毛本則作亦

哀十四年　要義同毛本哀作襄

即此元端也　要義同毛本端作冠

緇布冠

結項中　按疏無中字

足以韜髮而結之矣　韜釋文作叏張氏云士昏禮注之縚髮釋文亦云本又作叏不爲叏則爲縚今之爲韜未知孰據○按說文韜劒衣也弢弓衣也二字音義相近故古多通用如六韜一作六弢是也叏本訓滑因弢而轉爲叏從省也縚則韜之俗字

謂此以上凡六物　徐本通典集釋俱無以字與疏合通解要義俱與毛本同釋文亦有以字按徐本作此此上釋文則摘以上二字爲音未見以字之上必無此字張氏遽改此爲以殆因此以二字不宜並存故歟

首著卷幘之狀雖不智　陳本同之要義作其智通解要義俱作審毛本作雖不可知

故以冠之　冠要義作況

人之長者　要義同毛本人下有髮字

謂狹而長也　毛本狹誤作挾

大夫士當緇組纁邊　陳本同毛本組下有紘字○按無紘字與禮器注不合且與此處經文亦異此本非也

櫛實于簞

笥與簞方圓有異　聶氏要義同毛本與上無笥字

蒲筵二在南

鄭注云　盧文弨云鄭注二字衍舊本俱經注連釋一本始分作兩段然體例亦不盡合○按此爲經注連釋之始故特加鄭注二字以別于釋經也以後凡經注連釋者則不盡用此例

藉之曰席　藉浦鏜改从艸是也毛本誤作籍下藉取同

前敷在地者皆言藉取相承之義　毛本藉上有筵字此本陳本俱無筵字闔本筵字擠入按通典釋此經云上重者皆言席取相承藉之義在地多言筵也蓋用疏說

側尊一甒醴

勺尊升　金曰追云疏謂少牢罍枓所以㪺水此尊枓㪺酒者也是注升本作斗後魏以來字多別體升斗字幾不辨故致誤如此當并疏尊升改正

則此爲尊枓㪺酒者也　枓要義作升誤

爵弁皮弁緇布冠各一匴　宋本釋文云匴本或作算○按通典作算與或本合今本釋文算誤作篹

古文匴作篹坫作襜　篹嚴徐集釋俱作纂毛本作篹上作字嚴徐集釋俱作作毛本作爲下作

字嚴本集釋俱作作徐本毛本作爲張氏云注曰匴作纂案釋文云爲篹卷素管反劉音篹纂字旣誤作字必非又云注曰坫作襜案釋文云爲襜以占反廣韻云襜與簷同屋襜也垝謂之坫故或爲襜今從襜非也襜字旣誤作字必非○按毛本兩句俱是爲字與釋文合疏則上句是爲下句是作與徐本相反又釋文襜毛本亦誤作襜

但坫有二文一者 要義同毛本文下有有字坫單疏誤坫毛本作坫

云古文匴爲纂坫作襜者 纂陳閩監本俱同毛本要義作簒襜要義同毛本作襜

兄弟畢袗元 朱子云袗古文作均而鄭注訓同漢書字亦作袀則當從袗爲是○今按說文無袀字均之爲袀猶元之爲袨皆俗字也袗本元服以經旣有元字故鄭轉訓爲同蓋字雖從今而義則從古袗均音同得相假借也或疑經文袗字當作均注當云均同也古文均爲袗恐不必然

爵弁同色 毛本爵作鄮陳本要義俱作爵

將冠者采衣紒

童子之節也　節毛本作飾徐本集釋楊氏敖氏俱作節〇按作節與玉藻合

將冠至南面注采衣至爲結　按疏內總標經注之式唯此僅存浦鏜謂注采衣至爲結六字當在故言將冠者也下葢未見單疏本故也

賓如主人服

注外門大門外　六字毛本俱脫

每曲揖

對殷右宗廟也　毛本同陳閩俱無宗廟二字

俱東向是一曲　要義楊氏同毛本東向作向東

至于廟門

旣曲北面揖　陳閩同毛本旣作卽

主人升立于序端

冠子爲賓客　毛本爲上有非字

賛者盥于洗西　浦鏜云于洗西三字當衍文疏云賛者盥于洗西無正文若經有此三字便是正文何云無也當是傳寫者因注盥于洗西之文誤衍之耳

故先入房並立待事　毛本待作侍

明在洗西東面　毛本明作故

恐由阼階　通解同毛本由作作

賛者奠纚笄櫛于筵南端

宜房中隱處加服訖　宜陳本誤作冠毛本作適

賓降

下皆不言 下皆毛本作不陳陳本誤作不贊按不與下贊與皆俱因形似而誤今本作陳則近理而莫究其原矣

賓盥卒壹揖壹讓升 瞿中溶云唐石經兩壹字初刻作一後改

賓右手執項

行翔而前鶬焉者 陳閩同毛本前作後

堂下不趨 下要義毛本作上下同○按要義是也

謂行翔而前鶬焉 要義同毛本鶬作蹌

冠者興

觀衆以容體 體通典作儀

按郊特牲論加冠之事 毛本郊誤作特

賓揖之

右相縕繫 毛本縕作屈

興賓揖之

起待賓揖之也 毛本待作而

贊者洗于房中

古文葉爲擖 擖陳閩監葛俱誤作揭按擖當作擸說詳聘禮

以房中有洗 毛本房作庭

昏禮贊醴婦 諸本俱作醴婦毛本作酌醴

此與昏禮賓 盧文弨云禮下脫一禮字下同

公側受醴 要義同毛本作授

賓揖冠者就筵

以其冠者筵室戶西 筵通解要義俱作在

冠者筵西拜受觶

知以觶拜還南面也 以要義作受是也

今此於西序東面拜 要義同毛本於作以

薦脯醢

上文云贊側酌醴 毛本側作者

冠者即筵坐○柶祭醴三 毛本三誤作二 建柶 建石經徐本集釋敖氏俱作建注同通解作捷錢大昕云士昏禮婦受醴亦有以柶祭醴坐啐醴建柶之文則作建爲是

扱柶於醴中 扱釋文作提云本又作插亦作扱盧文弨云釋文云云正指注言後人誤會乃改經之建

栖爲捷栖失之矣張氏云鄉射之注曰搢插也插于帶右大射之注曰搢扱也士喪禮之注曰搢插也插于帶之右旁釋文皆作捷由是觀之釋文之前捷字猶在釋文之後始盡變而爲插扱爾○按集釋云建陸作捷蓋其誤自李氏始

賓降直西序東面而迎之位也　案此與下欲迎其事兩迎字疑皆當作近

請醴賓此醴當作禮禮賓者謝其自勤勞也　禮賓者以下九字毛本俱脫徐本集釋通解敖氏俱有

以帷幕簟席爲之　以徐本集釋通解要義敖氏俱作以毛本作必

諸侯用豐　要義同通解毛本諸上有天子禮三字

乃易服○賓摯見於君 摯釋文作贄云本又作摯○按摯贄今本錯出宜俱從手後不悉按

遂以摯見于鄉大夫鄉先生 毛本先誤作見近有據誤本疏文欲改經鄉大夫爲卿大夫者段玉裁云鄉大夫謂每鄉卿一人之鄉大夫及同一鄉中仕至鄉大夫者鄉飲酒禮鄉射禮所謂遵者也鄉先生同一鄉中嘗仕爲卿大夫而致仕者也必皆云鄉者謂同一鄉周禮重鄉飲鄉射以鄉三物賓興之意也禮記冠義釋文云鄉大夫鄉先生並音香此則經文不作卿字甚明

則元端不朝得名爲元端也 不監本作以

與鄉射記先生 要義陳本同毛本記作禮

經云鄉大夫不言士 陳本通解同要義亦鄉誤作卿

乃醴賓以壹獻之禮

賓醴不用柶者 賓醴徐本集釋通解俱作禮賓按疏作醴賓

飲重醴清糟稻醴清糟黍醴清糟粱醴清糟 稻醴以下十二字毛本俱脫徐本集釋通解俱有敖氏無末清糟二字陸氏云糟劉本作湑音糟

鄉飲酒末有燕 閩本要義同通解毛本末作未

而禮成也 通解要義同毛本禮成作成禮

亦是其差也 毛本是誤作士

云重醴清糟者 醴下金曰追補至字云疏括注語本有至字不知何時脫去遂使轉寫者反據疏中重醴清糟四字誤刪注文○按內則原文重醴下無清糟二字故按者疑鄭注今本固有脫句而古本亦有衍字也然古書多異文未可聽爲刊削金謂疏有至字不知何據疏引內則注先解清糟兩字乃云稻醴以下是也則疏舉注語未必總括五句

云凡禮事 陳本要義同按各本注禮俱作醴

主人酬賓

彼九獻之閒皆云幣獻通解要義俱作獻毛本作酬云通解毛本作有

兩說諸侯陳本要義同毛本說作國是也

贊者皆與

贊者衆賓也朱子云贊者謂主人之贊者也恐字誤作衆賓耳○按如朱子說則疏中兩衆賓亦當改

爲主人之贊者

謂賓此贊冠者毛本此作之按賓字亦宜作尊

儀禮注疏卷二挍勘記終

奉新余成教校

儀禮疏卷第三

唐朝散大夫行大學博士弘文館學士臣賈公彥等撰

若不醴則醮用酒若不醴謂國有舊俗可行聖人用焉不改者也曲禮曰君子行禮不求變俗祭祀之禮居喪之服哭泣之位皆如其國之故謹脩其法而審行之是酌而無酬酢曰醮醴亦當爲禮

（疏）若不至用酒○注若不至爲禮○釋曰自此已上說周禮冠子之法自此已下至取籩脯以降如初說夏殷冠子之法云若不醴則醮用酒者參上文適子冠於阼三加訖一醴於客位是周法今云若不醴則醮用酒非周法故知先王法矣故鄭云若不醴謂國有舊俗可行聖人用焉不改者也云聖人者即周公制此儀禮用舊俗則夏殷之禮是也云曲禮曰已下者是下曲禮文也云君子行禮不求變俗者與下文爲目謂君子所往之國不求變彼國之俗若衛居殷墟者也云祭祀之禮者若郊特牲云殷人先求諸陽周人先求諸陰求諸陽者先合樂乃灌地降神也求諸陰者謂先灌地乃合樂若衛居殷地用殷禮則先合樂乃灌也云居喪之服者謂若檀弓周之諸侯絕旁期降上下殷之諸侯服旁期不降上下衛

居殷墟亦不降上下也云哭泣之位者殷禮無文亦應有異也云皆如其國之故者謂上所云皆如其故國之俗而行之云是者依先王舊俗而行不改之事向來所解引曲禮據人君施化之法不改彼國舊俗證此醮用酒舊俗之法也故康誥周公戒康叔居殷墟當用殷法是以云茲殷罰有倫使用殷法故所引曲禮皆據不變彼國之俗但君子行禮不求變俗有二途若據曲禮之文云君子行禮不求變俗鄭注云求猶務也不務變其故俗重本也謂去先祖之國居他國又云祭祀之禮居喪之服哭泣之位皆如其國之故謹脩其法而審行之注其法謂其先祖之制度若夏殷者謂若杞宋之人居鄭衛鄭衛之人居杞宋若據彼注謂臣去已國居他國不變已國之俗是以定四年祝佗云殷人六族在魯啓以商政亦不變本國之俗故開商政示之皆據當身居他國不變已國之俗與此注引不同者不求變俗義得兩合故各據一邊而言也云酌而無酬酢曰醮者鄭解無酬酢曰醮唯據此文而言所以然者以周法用醮無酬酢曰醮案曲禮云長者舉未釂鄭注云盡爵曰釂是醮不專於無酬酢者若然醴亦無酬酢不爲醮名者但醴大古之物自然質無酬酢此醮用酒酒本有酬酢故無酬酢得名醮也云醴亦當爲禮者亦上請醴賓之禮故破之也

尊于房戶之

閒兩甒有禁玄酒在西加勺南枋房戶閒者房西室戶東也禁承尊之器也名之爲禁者因爲酒戒也玄酒新水也雖今不用猶設之不忘古也

疏尊于至南枋○注房戶至古也○釋曰云禁承尊之器也名之爲禁者因爲酒戒也者以醴不言禁醴非飲醉之物故不設戒也此用酒酒是所飲之物恐醉因而禁之故云因爲酒戒若然玄酒非飲亦爲禁者以玄酒對正酒不可一有一無故亦同有禁也云不忘古也者上古無酒今雖有酒猶設之是不忘古也

洗有篚在西南順洗庭洗當東榮南北以堂深篚亦以盛勺觶陳於洗西南順北爲上也

疏洗有至南順○注洗庭至上也○釋曰知洗庭洗者上周法用醴之時醴之尊在房今醮用酒與常飲酒同故洗亦當在庭是以下云賓降取爵于篚卒洗升酌故知洗在庭也設洗法在設尊前此洗亦當在設尊前設之故此直云洗有篚在西不言設也若然上不言設設洗者以其上云醮用酒即連云尊文勢如此故不言設洗云當東榮南北以堂深者上已有文也云篚亦以盛勺觶者周法用醴在房庭洗無篚此用酒庭洗有篚故周公設經辨其異者但醴篚在房以盛勺觶此庭洗篚亦盛勺觶故云亦也云。南順北爲上也者席之制

有首尾者據識之先後爲首尾此篚亦云上者應亦有記識爲上下以其南順之言故北爲上也

始加醮用脯醢賓降取爵于篚辭降如初卒洗升酌

始加者言一加一醮也加冠於東序醮之於戶西同耳始醮亦薦脯醢賓降者爵在庭酒在堂將自酌也辭降如初如將冠時降盥辭主人降也凡薦出自東房

【疏】始加至升酌○注始加至東房○釋曰云始加醮用脯醢者此言與周別之事周家三加訖乃一醴於客位用脯醢此加訖即醮於客位用脯醢是其不同也但言始加醮用脯醢者因言與周異之意其賓未行事是以下乃始云賓降取爵于篚也云加冠於東序醮之於戶西同耳者經不見者嫌與周異故辨之其經不言冠者醮之處即與周同故經不見也云始醮亦薦脯醢者以其經云醮用脯醢況言若醮用酒未著其節故亦如上周家三加始薦脯醢云賓降者爵在庭酒在堂將自酌也者決周家醴在房賛者酌授賓賓不親酌此則賓親酌酒洗爵故有升降也云辭降如初如將冠時降盥辭主人降也者欲見用醴時直有將冠時賓降無賓降取爵以其酌在房故也今云如初者唯謂如將冠降盥之事也云凡薦出自東房者用醴時尊在房脯醢出自東房醮用酒酒尊在堂脯

醢亦出自東房鄉飲酒鄉射特牲少牢薦者皆出東房故云凡以該之也冠者拜受賓荅拜如初贊者筵于戶西賓升揖冠者就筵乃酌冠者南面拜受賓授爵東面荅拜如醴禮也於賓荅拜贊者則亦薦之疏冠者至如初。注贊者至薦之。釋曰此經畧言拜受荅拜不言處所面位言如初者以其雖用酒與周異自外與周同故直言如初也是以鄭取上醴子法以言之故言如初以結之也云於賓荅拜贊者則亦薦之者經直云拜受荅拜如初亦不言出薦之時節故鄭别言之亦當如周家醴子時薦也凡醴子醴婦并昏禮禮賓面位不同者皆隨時之便故不同也冠者升筵坐左執爵右祭脯醢祭酒興筵末坐啐酒降筵拜賓荅拜冠者奠爵于薦東立于筵西冠者立俟賓命賓揖之則就東序之筵疏冠者至筵西。注冠者至之筵。釋曰此經雖用醴酒不同其於行事與周禮醴子同但位有異彼一加訖入房易服訖出房立待賓容。命此則醮訖立於席西待賓命爲異皆爲更加皮弁也云與筵末坐啐酒者爲醮於客位敬之故也昏禮禮賓與聘禮禮賓在西階上啐醴者，昏禮注云此筵不主爲飲食起，聘禮注云糟醴不卒故也。冠子用醴拜，此醮子用酒亦拜者，以與醴子同是成人法，拜啐。故雖用醮，亦拜啐也。

徹薦爵，筵尊不徹。徹薦與爵者，辟後加也。不徹筵尊，三加可相因由使也。

疏徹薦至不徹。注徹薦至便也。釋曰云徹薦與爵者辟後加也者，案下文云加皮弁如初儀，再醮攝酒，其他皆如初。酒則云攝，明因前也。除酒之外云其他如初，明薦爵更設，是後加辛設於席前也。故知前云徹薦爵爲辟後加也。

加皮弁如初儀，再醮攝酒，其他皆如初。攝猶整也。整酒謂撓之。今文攝爲聶。

疏加皮至如初。注攝猶至爲聶。釋曰云攝猶整也整酒謂撓之者，案有司徹云司宮攝酒，注云更洗益整頓之。不可云洗，亦當爲撓，謂更撓攪添益整頓示新也。

加爵弁如初儀，三醮有乾肉折俎，嚌之，其他如初。北面取脯，見于母。乾肉，牲體之脯也。折其體以爲俎。嚌，嘗之。

疏加爵至于母。注乾肉至嘗之。釋曰前二醮有脯醢，更加此乾肉折俎，言嚌之者，嚌謂至齒嘗之。案下若殺，再醮不言攝，此經再醮言攝三醮不言攝則再醮之後皆有攝互文以見義也云取脯見于母者亦適東壁俠拜與周同案下文若殺已下云卒醮取籩脯以降此亦取籩脯乾肉曰脯云乾肉牲體之脯也者案周禮腊人云掌乾肉凡田獸之脯腊鄭注云大物解肆乾之謂之乾肉若今涼州烏翅矣薄析曰脯捶之而施薑桂曰腶脩若然乾肉與脯脩別言若今涼州烏翅者或爲豚解而七體以乾之謂之乾肉及用之將升于俎則節折爲二十一體與燕禮同故總名乾肉折俎也

若殺則特豚載合升離肺實于鼎設扃鼏特豚一豚也凡牲皆用左胖者煑於鑊曰亨在鼎曰升在俎曰載載合升者明亨與載皆合左右胖離割也割肺者使可祭也可嚌也今文扃爲鉉古文鼏爲密

【疏】若殺至扃鼏。注特豚至爲密。釋曰上醮子用乾肉不殺自此至取籩脯以降論夏殷醮子殺牲之事殺言若者是不定之辭殺與不殺俱得云若也云載合升者在鼎曰升在俎曰載載在後今先言載後言升又合字在載升之閒通事之者欲見在俎在鑊俱曰合也云設扃鼏者以茅覆鼎鼎長則束其本短則編其中案冬官匠人廟門容大扃七个注云大扃牛鼎之扃長三尺又曰闈門容小扃參个注云小扃膷鼎之扃長二尺皆依漢禮而知今此豚鼎之荷當用小荷也云特豚一豚也者此特若郊特牲之特皆以特爲一也云凡牲皆用左胖者案特牲少牢皆用右胖少儀云大牢則以牛左肩折九个爲歸胙用左則用右而祭之鄉飲酒鄉射主人用右體生人亦與祭同用右者皆據周而言也此云用左鄭據夏殷之法與周異也但士虞喪祭用左反吉故也云亨煮於鑊曰亨者案特牲云亨于門外東方西面北上注云亨煮也亨豕魚腊以鑊各一爨詩云誰能亨魚漑之釜鬵是鑊爲亨也云在鼎曰升在俎曰載者案昏禮云特豚合升又云側載特牲亦云卒載加匕于鼎少牢云司馬升羊實于一鼎皆是在鼎曰升在俎曰載之文但在鼎直有升名在俎則升載兩稱也故少牢云升羊載右胖升豕其載如羊有司徹亦云乃升注云升牲體於俎也是在俎升載二名也云載合升者明亨與載皆合左右胖者以升載並陳又合在二者之閒故知從鑊至俎皆合左右胖也云離割也割肺者使可祭也可嚌也者凡肺有二種一者舉肺一者祭肺就舉肺之中復有三稱一名舉肺爲食而舉二名離肺少儀云三牲之肺離而不提心也三名嚌肺以齒嚌之此三者皆據生人爲食而有也就祭肺之中亦復有三稱一者謂之祭肺爲祭先而有之二者謂之忖肺忖切之使斷三者謂之切肺名雖與忖肺異切肺則忖肺也三者皆爲祭而有若然切肺離

胏指其形餘皆舉其義稱也云今文扃爲鉉古文鼏爲密者一部之內皆然不從今文故疊之也

始醮如初

亦薦脯醢徹薦爵筵尊不徹矣

疏始醮如初○注亦薦至徹矣○釋曰云始醮如初者此一醮與不殺同未有所加故云如初也

再醮兩豆葵菹蠃醢兩籩栗脯

蠃醢螔蝓醢今文蠃爲蝸

疏再醮至栗脯○注蠃醢至爲蝸○釋曰此二豆二籩增數者爲有殺牲故盛其饌也案鄭注周禮醢人云細切爲虀全物若牒爲菹作醢及臡者先膊乾其肉乃後莝之雜以粱麴及鹽漬以美酒塗置甀中百日則成矣是作醢及菹之法也云蠃醢螔蝓醢者爾雅文

三醮攝酒如再醮加俎嚌之皆如初嚌肺

攝酒如再醮則再醮亦攝之矣加俎嚌之嚌當爲祭字之誤也祭俎如初如祭脯醢

疏三醮至嚌肺○注攝酒至脯醢○釋曰云攝酒如再醮則再醮亦攝之矣者周公作經取省文再醮不言攝酒以三醮如之則再醮攝之可知故鄭云再醮亦攝之矣云加俎嚌之嚌當爲祭字之誤也者經有二嚌不破如初嚌之嚌唯破加俎嚌之字者以祭先之法祭乃嚌之又不宜有二嚌故破加俎之嚌爲祭也云祭俎如初如祭脯

醮者以三醮唯祭俎之肺不復祭脯醢也若然前不殺之時一醮徹脯醢爲辭再醮之脯醢至再醮不言徹脯醢者以三醮上唯加乾肉不薦脯醢故不徹也今殺亦然一醮徹薦辭至再醮亦不徹薦直徹爵而已亦爲三醮以不加籩豆加牲俎是以祝辭一醮亦云嘉薦至三醮者直云籩豆有楚楚陳列貌是三醮不加籩豆明文也

卒醮取籩脯以降如初

疏 卒醮至如初○釋曰此取籩脯見母與前不異上周法與不殺皆不云籩者上皆直薦脯醢不云籩豆此若殺云兩籩故云籩脯若然既殺有俎肉而取脯者見其得禮而已故不取俎肉如若得束帛者不須取脯是以冠禮禮賓得束帛皆不取脯也

若孤子則父兄戒宿父兄諸父諸兄

疏 若孤至戒宿○注父兄諸父諸兄○釋曰上陳士有父加冠禮訖自此至東塾北面論士之無父自有加冠之法也周公作文於此乃見之者欲見周與夏殷孤子同冠於阼階禮之於客位唯一醮三醴不同耳是以作經言其與上異者而已言父兄諸父諸兄者以其上文父兄非直戒宿而已故知此是諸父諸兄非已之親父親兄也

冠之日主人紒而迎賓拜揖讓立于序端皆

如冠主禮於阼冠主冠者親父若宗兄也古文紒爲結今文禮作醴疏冠之至於阼○注冠主至作醴○釋曰云主人紒而迎賓者即上采衣紒是也云拜揖讓立于序端者謂主人出先拜賓荅拜訖揖讓而入于廟門既入門又三揖至階又三讓而升堂乃立于東序端賓升立西序端一皆如上父兄爲主人故作文省畧總云揖讓立于序端皆如冠主也云禮於阼者別言其異者也云今文禮作醴者鄭不從今文者以其言醴則不兼於醮言禮則兼醴醮二法故也

凡拜北面于阼階上賓亦北面于西階上荅拜疏凡拜至荅拜○釋曰此亦異於父在者云凡拜者謂初拜至及啐拜之等賓主皆北面與父在時拜于筵西南面賓拜于序端東面爲異也

若殺則舉鼎陳于門外直東塾北面孤子得申禮盛之父在有鼎不陳於門外疏若殺至北面○釋曰云若殺者有則殺無則已故云若不定之辭也言舉鼎者謂於廟門外之東壁鑊所舉至廟門外之東直東塾二鼎豚魚腊鼎皆北向相重而列之也○注孤子至門外○釋曰案上文父在亦有殺法今鄭云孤子得申禮盛之者不爲殺起止爲陳

鼎于外而言鄭知父在有鼎不陳於外者以上文若殺直云特豚載合升不辨外內孤子乃云舉鼎陳于門外類于上父在陳鼎不於門外也凡陳鼎在外者賓客之禮也在內者家私之禮也是在外者爲盛也今孤子則陳鼎在外故云孤子得申禮盛之也

若庶子則冠于房外南面遂醮焉

房外謂尊東也不於阼階非代也不醮於客位成而不尊

疏若庶至醮焉○釋曰上已言三代適子冠禮訖此經論庶子加冠法也周公作經於三代之下言之則三代庶子冠禮皆於房外同用醮矣但不知三代庶子各用幾醮耳今於周之適子三加一醴夏殷適子三加三醮是以下文祝辭三醴一而醮三皆爲三代而爲言至於三代庶子皆不見別辭則周之庶子宜依適子用一醮夏殷庶子亦依三醮三代適子有祝辭若庶子則無故下文注云凡醮者不祝○注房外至不尊○釋曰知房外謂尊東也者上陳尊在房戶之閒案鄉飲酒賓東則東則尊東明此亦於尊東也云不於阼階非代也者案下記云適子冠於阼以著代也明庶子不於阼非代故也云不醮於客位成而不尊者下記云醮於客位加有成也是適子於客位成而尊之此則成而不尊故因冠之處遂醮焉

冠者母不在則使人

受脯于西階下【疏】冠者至階下。釋曰案內則云舅沒則姑老若死當云沒不得云不在且母死則不得使人受脯今言不在者或歸寧或疾病也使人受脯爲母生在於後見之也戒賓曰某有子某將加布於其首願吾子之教之也吾子相親之辭吾我也子男子之美稱古文某爲謀【疏】戒賓至之也。注吾子至爲謀。釋曰自此至雖其所當者周公設經直見行事恐失次第不言其辭今行事既終總見戒賓醮及爲字之辭也云某有子某者上某主人名下某子之名加布初加緇布冠也云願吾子之教之也者即此以加冠行禮爲教之也云吾子相親之辭吾我也者謂自已身之子故云吾子相親之辭也云子男子之美稱者古者稱師曰子又公羊傳云名不若字字不若子是子者男子之美稱也今請賓與子加冠故以美稱呼之也賓對曰某不敢恐不能共事以病吾子敢辭病猶辱也古文病爲秉主人曰某猶願吾子之終教之也賓對曰吾子重有命某敢不從敢不從許之辭宿曰某將加布於某之首吾子將莅之敢宿賓對曰某敢不夙興莅臨也今文無對始加祝曰令月吉日始加元服令吉皆善也元首也【疏】注令吉至首也○釋曰元首左傳曰先軫入狄師而死之狄人歸先軫之元是元爲首又尚書云君爲元首亦是元爲首也棄爾幼志順爾成德壽考惟。祺介爾景福爾女也既冠爲成德祺祥也介景皆大也因冠而戒且勸之女如是則有壽考之祥大女之大福也【疏】注爾女至福也○釋曰云既冠爲成德者案冠義既冠責以父子君臣長幼之禮皆成人之德云祺祥也者祺訓爲祥祥又訓爲善也云因冠而戒且勸之者則經棄爾幼志順爾成德是也云且勸之者即經云壽考惟祺介爾景福是也再加曰吉月令辰乃申爾服辰子丑也申重也【疏】再加至爾服○注辰子至重也○釋曰上云令月吉日此云吉月令辰互見其言是作文之體無義例也云辰子丑也者以十幹配十二辰直云辰子丑明有幹可知即甲子乙丑之類畧言之也敬爾威儀淑愼爾德眉壽萬年永受胡福胡猶遐也遠也遐遠無窮古文眉作麋三加曰以歲之正以月之令咸加爾服正猶善也咸皆也皆加女之三服謂緇布冠皮弁爵弁也兄弟具在以成厥德厥其黃耇無疆受天之慶黃黃髮也耇凍梨也皆壽徵也疆竟疏注黃黃至疆竟○釋曰爾雅云黃髮齯齒故以黃爲黃髮也云耇凍梨者爾雅云耇老壽也此云耇者凍梨者以其面似凍梨之色故也醴辭曰甘醴惟厚嘉薦令芳嘉善也善薦謂脯醢芳香也疏醴辭至令芳○注嘉善至香也○釋曰謂脯醢爲善薦芳香者謂作之依時又造之依法故使芳香而善也拜受祭之以定爾祥承天之休壽考不忘休美也不忘長有令名醮辭曰旨酒既清嘉薦亶時亶誠也古文亶爲癉始加元服兄弟具來孝友時格

永乃保之善父母爲孝善兄弟爲友時是也格至也永長也保安也行此乃能保之今文格爲嘏凡醮者不祝

疏注善父至不祝○釋曰善父母爲孝善兄弟爲友者爾雅文不言善事父母善事兄弟者欲見非且善事兄弟而亦爲兄弟之所善者諸行周備之意也云凡醮者不祝者案上文前後例周與夏殷冠子法其加冠祝辭三節不辨三代之異則三代祝辭同可知也至於周醮之辭三等別陳之者以其數異辭宜不同故也若然醮辭唯據適子而言以其將著代重之故備見祝辭也此注云凡醮者不祝者言凡謂庶子也既不加冠於阼又不禮於客位無著代之理故畧而輕之也亦不設祝辭者曾子問注云凡殤不祭之類也其天子冠禮祝辭案大戴禮公冠篇成王冠周公爲祝詞使王近於人遠於天嗇於時惠於財其辭既多不可具載其諸侯無文蓋亦有祝辭異於士也

再醮曰旨酒既湑嘉薦伊脯湑清也伊惟也

疏注湑清也伊惟也○釋曰湑泲酒之稱故伐木詩云有酒湑我注云湑莤之文鳧鷖詩云爾酒既湑注云湑酒之泲者是湑爲清也云伊惟也者助句辭非爲義也

乃申爾服禮儀有序祭此嘉爵承天之祜

祜福也 三醮曰旨酒令芳籩豆有楚旨美也楚陳列之貌 疏注旨美至之貌○釋曰楚茨詩亦云籩豆有楚注云楚陳列之貌是用其再醮之籩豆不增改之故云有楚也 咸加爾服肴升折俎肴升折俎亦謂豚 疏注肴升至謂豚○釋曰云折俎者即謂折上若殺之豚也 承天之慶受福無疆字辭曰禮儀既備令月吉日昭告爾字昭明也 疏字辭至爾字○釋曰此字文在三代之下而言則亦遂三代字辭同此辭賓直西序東面與子爲字時言之也 爰字孔嘉髦士攸宜爰於也孔甚也髦俊也攸所也 宜之于假永受保之曰伯某甫仲叔季唯其所當于猶爲也假大也宜之是爲大矣伯仲叔季長幼之稱甫是丈夫之美稱孔子爲尼甫周大夫有嘉甫宋大夫有孔甫是其類甫字或作父 疏宜之至所當○釋曰云伯某甫者某若云嘉也但設經不得定言人字故言甫爲且字是以禮記諸侯薨復曰皐某甫復鄭云某甫且字以臣不名

君且爲某之字呼之既此某甫立爲且字言伯仲叔季者是長幼次第之稱若兄弟四人則依次稱之夏殷質則積仲周文則積叔若管叔霍叔之類是也云唯其所當者二十冠時與之作字猶孔子生三月名之曰丘至二十冠而字之曰仲尼有兄曰伯居第二則曰仲但殷質二十爲字之時兼伯仲叔季呼之周文二十爲字之時未呼伯仲至五十乃加而呼之故檀弓云五十以伯仲周道也是呼伯仲之時則兼二十字而言若孔子生於周代從周禮呼尼甫至五十去甫以尼配仲而呼之曰仲尼是也若然二十冠而字之未呼伯仲叔季今於二十加冠而言者一則是殷家冠時遂以二十字呼之二則見周家若不死至五十乃加而呼之若二十已後死雖未滿五十即得呼伯仲知義然者見慶父乃是莊公之弟桓六年莊公生至閔公二年慶父死時莊公未滿五十慶父乃是莊公之弟時未五十慶父死號曰共仲是其死後雖未五十得呼仲叔季故二十冠時則以伯仲叔季當擬之故云唯其所當也○注干猶至作父○釋曰知甫是丈夫之美稱者以其人之賢愚皆以爲字故隱元年公及邾儀父盟于蔑穀梁傳云儀字也父猶傅也男子之美稱也是也云孔子爲尼甫者哀十六年孔丘卒哀公誄之曰哀哉尼甫因字號謚曰尼甫也云周大夫有嘉甫者桓公十五年天王使嘉甫來

求車是也云宋大夫有孔甫是其類者案左氏傳桓二年孔父嘉爲司馬是也鄭引此者證有冠而爲此字之意故云是其類也且甫字或作父者字亦通或尼甫嘉甫孔甫等見爲父字者也

屨夏用葛玄端

屨者順裳色玄端黑屨以玄裳爲正也絇之言拘也以爲

黑屨青絇繶純純博寸

行戒狀如刀衣鼻在屨頭繶縫中紃也純緣也三者皆青博廣也

疏屨夏至博寸○注屨者至廣也○釋曰自此至繶屨論三服之屨不於上與服同陳者一則屨用皮葛冬夏不同二則屨在下不宜與服同列故退在於此此言夏用葛下云冬皮則春宜從夏秋宜從冬故舉冬夏寒暑極時而言詩魏地以葛屨履霜刺褊也云屨者順裳色者禮之通例衣與冠同屨與裳同故云順裳色也云玄端黑屨以玄裳爲正也者以其玄端有玄裳黃裳雜裳經唯云玄端黑屨與玄裳同色○不取黃裳雜裳故云以玄裳爲正也云絇之言拘也以爲行戒者以拘者自拘持之言故云以爲行戒也云狀如刀衣鼻在屨頭者此以漢法言之今之屨頭見有下鼻似刀衣鼻故以爲況也云繶縫中紃也者謂牙底相接之縫中有絛紃也云純緣也者謂繞口緣邊也云皆青者以經三者同云青也云博廣也者謂純所施廣一寸也

素積

白屨以魁柎之緇絇繶純純博寸魁蜃蛤柎注者【疏】素積至博寸。注魁蜃蛤柎注者。釋曰以魁蛤灰柎之者取其白耳云魁蜃蛤者魁即蜃蛤一物是以周禮地官掌蜃掌共白盛之蜃鄭司農云謂蜃炭引此士冠白屨以魁柎之玄謂今東萊用蛤謂之叉灰云是也云柎注者以蛤灰塗注於上使色白也

爵弁纁屨黑絇繶純純博寸爵弁屨以黑為飾爵弁尊其屨飾以繢次【疏】爵弁至博寸。注爵弁至繢次。釋曰案此三服見屨不同何者玄端以衣見屨以玄端有黃裳之等裳不得舉裳見屨故舉玄端見屨也皮弁以素積見屨屨裳同色是其正也爵弁既不舉裳又不舉衣而以爵弁見屨者上陳服已言纁裳裳色自顯以與六冕同玄衣纁裳與冕服之嫌故不以衣裳而以首服見屨也云爵弁屨以黑為飾爵弁尊其屨飾以繢次者案冬官畫繢之事云青與白相次赤與黑相次玄與黃相次鄭云此言畫繢六色所象及布采之第次繢以為衣又云青與赤謂之文赤與白謂之章白與黑謂之黼黑與青謂之黻鄭云此言刺繡采所用繡以為裳此是對方為繢次比方為繡次案鄭注屨人云複下曰舃禪下曰屨又注云凡舃之飾如繢之次凡屨之飾如繡之

次也者即上黑屨以青爲絇繶純白屨以黑爲絇繶純則白與黑黑與青爲繡次之事也今爵弁纁屨纁南方之色赤不以西方白爲絇繶純而以北方黑爲絇繶純者取對方繢次爲飾皋昜者尊爵弁是祭服故飾與昜同也

冬皮屨可也 疏 冬皮屨可也○釋曰冬時寒許用皮故云可也

不屨繐屨 繐屨喪屨也縷不灰治曰繐 疏 不屨繐屨○注繐屨至曰繐○釋曰案喪服記云繐衰四升有半繐衰既是喪服明繐屨亦是喪屨故鄭云喪屨也云縷不灰治曰繐者斬衰冠六升傳云鍛而勿灰則四升半不灰治可知言此者欲見大功末可以冠子恐人以冠子故於屨末因禁之也

記冠義 疏 記冠義○釋曰凡言記者皆是記經不備兼記經外遠古之言鄭注燕禮云後世衰微幽厲尤甚禮樂之書稍稍廢棄蓋自爾之後有記乎又案喪服記子夏爲之作傳不應自造還自解之記當在子夏之前孔子之時未知定誰所錄云冠義者記士冠中之義者記時不同故有二記此則在子夏前其周禮考工記六國時所錄故遭秦燔滅典籍有韋氏雕氏闕其記則在秦漢之際儒者加○之故王制有正聽之棘木之下異時所記故其言亦殊也

始冠緇布之冠也大古

冠布齊則緇之其緌也孔子曰吾未之聞也冠而敝之可也大古唐虞以上緌纓飾未之聞大古質蓋亦無飾重古始冠冠其齊冠白布冠今之喪冠是也

疏始冠至可也○注大古至是也○釋曰此經直言加緇布冠不言有緌無緌又不言加冠之後此緇布冠更著以不故言不緌不更著之事也云大古冠布者謂著白布冠也云齊則緇之者將祭而齊則為緇者以鬼神尚幽暗也云其緌也孔子曰吾未之聞也者孔子時有緌者故非時人緌之諸侯則得著緌故玉藻云緇布冠繢緌諸侯之冠也鄭云尊者飾也元缺字士冠不得緌也云冠而敝之可也者據士以上冠時用之冠訖則敝經之不復著也若庶人猶著之故詩云彼都人士臺笠緇撮是用緇布冠籠其髮是庶人常服之矣云大古唐虞以上者此記與郊特牲皆陳三代之冠云牟追章甫委貌之等鄭注郊特牲云三代改制齊冠不復用也以白布冠質以為喪冠也三代既有此明大古是唐虞已上可知云。未之聞大古質蓋亦無飾者此經據孔子時非其著緌未知大古有緌以不故鄭云大古質無飾也云重古始冠冠其齊冠者以經云始冠緇布之冠即云大古冠布則齊冠一也故鄭云冠其齊冠也云白布冠者今之喪

冠是也者以其大古時吉凶同服白布冠未有喪冠三代有牟追之等則以白布冠爲喪冠若然喪服起自夏禹以下也

適子冠於阼以著代也醮於客位加有成也醮夏殷之禮每加於阼階醮之於客位所以尊敬之成其爲人也三加彌尊諭其志也彌猶益也冠服後加益尊諭其志者欲其德之進也疏適子至成也○注醮夏至人也○釋曰此記人說夏殷法可兼于周以其於阼及三加皆同唯醮醴有異故知舉二以見一也

冠而字之敬其名也名者質所受於父母冠成人益文故敬之也今文無之疏冠而至名也○注名者至無之○釋曰案內則云子生三月父名之不言母今云受於父母者夫婦一體受父即是受於母故兼言也云冠成人益文者對名是受於父母爲質字者受於賓爲文故君父之前稱名至於他人稱字也是敬定名也

委貌周道也委猶安也言所以安正容貌章甫殷道也章明也殷質言以表明丈夫也甫或爲父今文爲斧毋追夏后氏之道也毋發聲也追猶堆也夏后氏質以其形名之三冠皆所服以

行道也其制之異同未之聞

疏委貌至道也○釋曰記人歷陳此三代冠者上緇布冠也諸侯已下始加之冠此委貌之等記人以經有緇布冠皮弁爵弁玄冠故還記緇布冠以下四種之冠以解經之四者此委貌即解經易服玄冠是也○注委猶至之聞○釋曰云今文爲斧者義無取故疊之不從也云毋發聲也者若在上謂之發聲在下謂之助句義無取則是發聲也云三冠皆所常服以行道者以釋經三代皆言道是諸侯朝服之冠在朝以行道德者也云其制之異同未之聞者委貌玄冠於禮圖有制但章甫毋追相與異同未聞也

周弁殷冔夏收

弁名出於槃槃大也言所以自光大也冔名出於幠幠覆也言所以自覆飾也收言所以收斂髮也其制之異亦未聞

疏注弁名至未聞○釋曰又歷陳此三者欲見三代加冠皆有弁云周弁者弁是古冠之大號非直含六冕亦兼爵弁於其中見士之三加之冠者爵弁者故云弁弁者冠名也云弁名出於槃槃大也者無正文鄭以意解之論語云服周之冕以五色繅服有文飾則知有德故云言所以自光大也云冔名出於幠幠覆也言所以自覆飾也收言所以收斂髮也者皆以意解之也云制之異亦未聞者案漢禮器制度弁冕周禮弁師相參周之冕以木爲體廣八寸長尺六寸績

麻三十升布爲之上以玄下以纁前後有旒尊卑各有差等天子玉笄朱紘其制可聞云未聞者但夏殷之禮亡其制與周異亦加上未聞也

三王共皮弁素積質不變

疏注質不變○釋曰此亦三代自天子下至士皆是再加當在周弁三加之上退之在下者欲見此是三代之冠百王同之無別代之稱也故郊特牲云三王共皮弁注云所不易於先代故孝經亦云百王同之不改易也若然百王同之言三王共者以損益之極極於三王又上三冠亦據三代故云三王共皮弁其實先代後代皆不易是以鄭云質不變也

無大夫冠禮而有其昏禮古者五十而后爵何大夫冠禮之有

據時有未冠而命爲大夫者周之初禮年未五十而有賢才者試以大夫之事猶服士服行士禮二十而冠急成人也五十乃爵重官人也大夫或時改取有昏禮是也

疏此經所陳欲見無大夫冠禮之事有大夫冠禮記者非之○注據時至是也○釋曰鄭云據時有未冠而命爲大夫者言周末作記之時有二十已前未加冠而命爲大夫者記非之也云周之初禮年未五十而有賢才者試以大夫之事猶服士服行士禮者鄭解

古者五十而後爵，何大夫冠禮之有？是古者未有，周大夫有冠禮，故非之。此鄭云未五十則二十已，士或有未二十有賢才亦得試爲大夫者，故喪服殤小功章云「大夫爲昆弟之長殤」，鄭云「大夫爲昆弟之長殤小功，謂士若不仕」，以此知爲大夫無殤服。言爲大夫無殤服，謂兄殤在小功，則兄十九已下死，大夫則十九已下，旣爲兄殤服，已爲大夫則早冠矣，大夫冠而不爲殤故也。雖早冠，亦行士禮而冠，是大夫無冠禮也。云「二十而冠，急成人也。五十乃爵，重官人也」者，解試爲大夫二十，則其爵命要待五十意也。云「大夫或時改娶，有昏禮」者，釋經而有其昏禮。以其三十而取，五十乃命爲大夫，則昏時猶爲士，何得有大夫昏禮乎？五十已後容改娶，故有大夫昏禮也。若然，案下文「古者生無爵」，鄭云「古謂殷」，此經以古爲周初者，下云「古者生無爵」，對周時士生有爵，故知古者生無爵據殷也。今此云古者，以周末時大夫冠對周初時無，若以古者爲殷時，則周家有大夫冠禮，何得言周末始有乎？明古者據初而言也。

公侯之有冠禮也，夏之末造也。造，作也。自夏初以上，諸侯雖父死子繼，年未滿五十者，亦服士服，行士禮，五十乃命也。至其衰末，上下相亂，簒弒所由生，故作公侯冠禮，以正君臣也。坊記曰：「君不與同姓同車，與異姓同車不同服示民不嫌也以此坊民民猶得同姓以殺其君也【疏】公侯至造也○注造作至君者○釋曰記人言此者欲見夏初已上雖諸侯之貴未有諸侯冠禮猶依士禮故記之於士冠篇末也云自夏初以上者以經云公侯之有冠禮夏之末造明夏初未有言以上者夏以前唐虞之等亦未有諸侯冠禮也未滿五十者亦服士服行士禮五十乃命也者既云服士服行士禮亦如上文五十而後爵何公侯冠禮之有以其與大夫同未五十服行士禮也云至其衰末上下相亂至以正君臣也者解經夏之末造公侯冠禮也引坊記者欲見夏末以後制諸侯冠禮以防諸侯相篡弒之事也云同車者謂參乘爲車右及御者也云不同服者案玉藻云君之右虎裘厥左狼裘又云僕右恒朝服君則各以時事服是不同服此謂非在軍時若在軍時君臣同服韋弁服也

天子之元子猶士也天下無生而貴者也元子世子也無生而貴皆由下升【疏】天子至者也○注元子至下升○釋曰此記者見天子元子冠時亦依士冠禮故於此兼記之也天子之元子雖四加與十二而冠其行事猶依士禮故云猶士也元子尚不得生而貴則天下之人亦無生而貴者也云無生而貴皆由下升者天子元子冠時行士

禮後繼世爲天子是由下升自餘天下之人從微至著皆由下升也

繼世以立諸侯象賢也

象法也爲子孫能法先祖之賢故使之繼世也

疏 繼世至賢也○釋曰記此者欲見上言天子之子冠行士禮此諸侯之子冠亦行士禮以其士之子恒爲士有繼世之義諸侯之子亦繼世象父祖之賢雖繼世象賢亦無生而貴者行士冠禮故記之於此也云能法先祖之賢者凡諸侯出封皆由有德若周禮典命云三公八命其卿六命大夫四命及其出封皆加一等出爲五等諸侯即爲始封之君是其賢也於後子孫繼立者皆不毀始祖之廟是象先祖之賢也

以官爵人德之殺也

殺猶衰也德大者爵以大官德小者爵以小官

疏 以官至殺也○注殺猶至小官○釋曰記人記此者欲見仕者從士至大夫而冠無大夫冠禮者也云以官爵人者以用也謂用官爵命於人也云德之殺也者殺衰也以德大小爲衰殺故鄭云德大者爵以大官德小者爵以小官官者管領爲名爵者位亦高下之稱也

死而謚今也古者生無爵死無謚

今謂周衰記之時也古謂殷○殷士生不爲爵死不爲謚周制以士爲爵死猶不爲謚耳下大夫也今記之

時士死則謚之非也，謚之由魯莊公始也。

【疏】死而至無謚○注今謂至始也○釋曰：記人記此者，欲見自上所陳冠禮以士爲本者，由無生而貴，皆從士賤者而外也。云死而謚今也者，據士生時雖有爵，所不合有謚，若死而謚之，正謂今周衰之時也。云古者生無爵死無謚者，古謂殷以前夏之時士生無爵死無謚，是士賤，今古皆不合有謚也。鄭云今謂周衰記之時也者，以記者自云今也，明還據周衰記之時。案禮運云孔子曰我觀周道幽厲傷之，是周衰也，自此已後始有作記，故云周衰記之時也。云古謂殷者，周時士有爵，故知古謂殷。云殷士生不爲爵死不爲謚者，對周士生有爵死猶不謚也。云周制以士爲爵死猶不謚耳下大夫也者，案周禮掌客職云羣介行人宰史以其爵等爲之牢禮之陳數，鄭注云以命數則參差難等，略於臣用爵而已。羣介行人皆士，故知周士有爵，雖有爵，死猶不謚，卿大夫已上則有謚也。云今記之時士死則謚之非也者，解經死而謚今也。云謚之由魯莊公始也者，案禮記檀弓云：魯莊公及宋人戰于乘丘，縣賁父御，卜國爲右，馬驚敗績，公墜，佐車授綏。公曰：末之卜也。縣賁父曰：他日不敗績，而今敗績，是無勇也。遂死之。圉人浴馬，有流矢在白肉。公曰：非其罪也。遂誄之。士之有誄，自魯莊公始也。若然，作記前莊公誄士，至記時亦行之，故此禮云死而謚今也故鄭云今謂周衰之時也案郊特牲云死而謚之今也古者生無爵死無謚鄭注云古謂殷以前也大夫以上乃謂之爵死有謚也以此而言則殷大夫以上死有謚而檀弓云幼名冠字五十伯仲死謚周道也者殷巳前皆因生號爲謚若堯舜禹湯之屬是也因生號以謚故不得謚名周禮死則別爲謚故云死謚周道也

儀禮卷第一　經一千八百九十一　注三千六百二十一　儀禮疏卷第三

元缺第十葉今補

江西督糧道王賡言廣豐縣知縣阿應鱗栞

儀禮注疏卷三挍勘記　阮元撰盧宣旬摘録

若不醴

不改者也盧文弨云者李作舊與疏同○按疏中舊字本亦作者又冠義疏引此注云若不醴謂國有舊俗可行聖人用焉不改是也是也二字係疏語疏引鄭注至不改止明無舊字

洗有篚

故此直云洗有篚在西毛本云作言要義作云陳本誤作文按文云相似故多誤

云南順北爲上也者毛本南上有西字

以其南順之言故北爲上也諸本同毛本言故作故言

始加醮用脯醢

云始加醮用脯醢者要義同毛本醮作薦

因言與周異之意　要義同毛本因言作言商

冠者升筵坐

出房立待賓容命　毛本容作客

糟醴不卒　毛本卒作啐案周學健云不卒謂不卒爵也經云啐醴則非不啐明矣

徹薦爵

是後加卒設於席前也　通解同毛本卒作啐閩本作嚌

加爵弁

前二醮有脯醢　毛本二誤作三

若今梁州烏翅矣　烏單疏作烏與周禮注合毛本作烏

若殺則特豚

以茅覆鼎通解要義同毛本作鼏

生人亦與祭同用右者要義同毛本生作主

亨豕魚腊以鑊毛本豕作豚諸本俱作豕

特豚合升要義同毛本豚誤作豕

升牲體於俎也陳本要義同毛本體誤作醴

皆據生人爲食而有也陳本要義同毛本生作主

二者謂之刌肺刌諸本俱作忖下並同盧文弨云忖古與刌通玉藻瓜祭上環鄭注云上環頭忖也

再醮

螔蝓醢螔釋文徐本集釋通解敖氏俱作蠯此字从蟲虒聲

乃後莝之　莝陳閩俱作挫毛本作剉

三醮

今般亦然　陳本要義同毛本般作殺

直徹爵而已　要義同陳本直誤作其按其直相似故誤　毛本直作唯

卒醮

此若殺云兩邊　邊陳閩俱作籩

若殺

家私之禮也　通解要義楊氏同毛本作私家

若庶子

若庶至醮焉　此五字毛本俱脫案此節疏係經注分釋則疏首宜有此五字毛本偶脫耳後凡類

此者可以例推

是以下文祝辭三　要義同毛本辭下無三字

始加祝曰

元首也　毛本同通典首作長

棄爾幼志○壽考惟祺　惟集釋作維

三加曰

皆加女之三服　毛本加誤作如

兄弟具在

厥其　此注毛本俱脫徐本集釋通解並有集釋其下有也字

黃耇無疆

凍棃也　棃監本作黎

黃髮鯢齒　毛本鯢作兒

云耇凍黎者　通解同下並同陳閩黎作棃下句作黎

拜受祭之

休美也不忘長有令名　注首三字毛本俱脫徐本集釋通解敖氏並有

醮辭曰○嘉薦亶時　陸氏云時劉本作古旹字

始加元服

善兄弟爲友者　諸本同毛本弟作長

欲見非且善事兄弟　毛本且作但

諸行周備之意也　毛本諸誤作謂

旣不加冠於阼　加要義作出毛本作加

案大戴禮公冠篇　要義同毛本戴下無禮字

遠於天　要義同毛本天作年

宜之于假　通典假作嘏仲上有伯字

若云嘉也　要義同毛本作若云尼甫嘉也通解與毛本同

旣此某甫立爲且字　旣要義作卽毛本作旣

夏殷質則積仲周文則積叔　通解要義同毛本積作稱

至閔公二年　毛本同陳閩俱無至字

注于猶至作父　毛本于猶作伯仲

父猶傅也　閩監同毛本傅作傳

云孔子爲尼甫者要義同毛本尼上有仲字

云周大夫有嘉甫者嘉要義作家下同按家與春秋合

案左氏傳桓二年要義同毛本案誤作宋

又甫字或作父者又要義作云

屨夏用葛

一則屨用皮葛要義同毛本葛上有用字

詩魏地以葛屨屨霜剌褊也要義同毛本地作風

不取黄裳雜裳故云以元裳爲正也要義作而却不取黄裳雜裳是也

自拘持之言陳本同毛本言作意

素積白屨

魁蜃蛤椕注者椕宋本釋文从手者徐本作者敖氏作之集釋毛本作也

爵弁纁屨

故不以衣裳毛本同陳閩裳俱作服

爲繡次之事也毛本同陳閩事俱作序

記冠義

當在子夏之前孔子之時要義同毛本時上無之字

記士冠中之義者要義同毛本作記子冠中之義也者案此節疑當有注云冠義者記士冠中之義故疏叠其文而釋之今本佚脫耳疏云記時不同故有二記此釋注中記字也否則此貫自疏冠義二字非另有鄭注也

儒者加之毛本同要義加作記

始冠緇布之冠也

太古質蓋亦無飾 徐本集釋通解要義敖氏俱有蓋亦二字與疏合毛本無

冠訖則敝經之 要義敝下有去字無經字按要義是

云未之聞 毛本云下有緌纓飾三字

未知太古有緌以不 陳閩同毛本不作是盧文弨云以不猶與否疏中往往見之

適子冠于阼

醮夏殷之禮每加於阼階醮之於客位所以尊敬之成其爲人也 徐本集釋俱有此注在加有成也下楊氏有客位于上四句今本並脱

三加彌尊諭其志也

彌猶益也冠服後加益尊諭其志者欲其德之進也 徐本集釋

俱有此注楊氏有諭其志者二句今本並脫

冠而字之

故敬之也今文無之　下五字今本俱脫徐本集釋俱有

是敬定名也　毛本作是字敬名也要義作是敬其名也

委貌○毋追　毋唐石經閩監宋本釋文俱與此同毛本釋文徐陳俱作母注及疏放此按古人書毋母不甚有別故釋文遇毋字必有音曲禮音義曰毋字與父母字不同俗本多亂讀者皆朱點母字以作無音非也可見二字蒙溷已久凡可以意會者今不盡挍也

周弁殷冔夏收

齋所服而祭也　徐本集釋俱無此六字通解有盧文弨云郊特牲疏全引此兩節注文而無或謂委貌爲元冠及齋所服而祭也兩句尤可證

其制之異亦未聞 異葛本誤作畢異下敖氏有同亦二字與要義所載疏合徐本集釋俱有亦字毛本無盧文弨云郊特牲孔疏引此注亦有亦字當補正

見士之三加之冠者爵弁者 浦鏜云上者字疑有字誤

相參周之 周要義作周陳本誤作尙毛本作考按參字當絶句周之二字屬下冕字爲句謂以漢禮器制度與周禮弁師相參因得周冕之制也陳本周作尙形相近而誤今改作考則失之遠矣

其制與周異 毛本同要義異上有同字

無大夫冠禮

大夫或時改取 徐本集釋通解敖氏娶俱作取按取娶今本錯出不悉挍

大夫爲昆弟之長殤小功 陳閩俱無長字

大夫冠而不爲殤故也 陳本要義同毛本大作丈

鄭云古謂殷　陳閩同毛本謂作爲

公侯之有冠禮也

篡殺所由生　殺釋文作殺云本又作弑亦作試徐陳通解亦俱作殺下同

以殺其君也　徐本集釋同按疏標目也作者

服行士禮也　陳本同毛本服下有士服二字

天子之元子

見天子元子冠時　毛本元誤作天

死而謚

死猶不爲謚耳　浦鏜云疏無爲字

儀禮卷第一　唐石經徐本卷後標題俱如是後放此

儀禮注疏卷三校勘記終

奉新余成教校

儀禮疏卷第四

唐朝散大夫行大學博士弘文館學士臣賈公彥等撰

儀禮卷第二

士昏禮第二

（疏）士昏禮第二○鄭目録云士娶妻之禮以昏爲期因而名焉必以昏者陽往而陰來日入三商爲昏昏禮於五禮屬嘉禮大小戴及別録此皆第二○釋曰鄭知是士娶妻之禮者以記云記士昏禮故知是士娶妻鄭云日入三商者商謂商量是漏刻之名故三光靈曜亦日入三刻爲昏不盡爲明案馬氏云日未出日沒後皆云二刻半前後共五刻今云三商者據整數而言其實二刻半也

儀禮　鄭氏注

昏禮下達納采用鴈　達通也將欲與彼合昏姻必先使媒氏下通其言女氏許之乃後使人納其采擇之禮用鴈爲摯者取其順陰陽往來詩云取妻如之何匪媒不得昏必由媒交接設紹介皆所以養廉恥（疏）昏禮至用鴈○釋曰從此下至主人許賓入授如初禮陳納采問名之禮云下達者謂未行納采已前男

父先遣媒氏女氏之家通辭往來女氏許之乃遣使者行納采之禮也言下達者男爲上女爲下取陽倡陰和之義故云下達謂以言辭下通於女氏也是以下記昏辭云吾子有惠貺室某也注云稱有惠明下達謂此下達也云納采用鴈者昏禮有六五禮用鴈納采問名納吉請期親迎是也唯納徵不用鴈以其自有幣帛可執故也且三禮不云納言納者恐女氏不受若春秋內納之義若然納采言納者以其始相采擇恐女家不許故言納問名不言納者女氏已許故不言納也納吉言納者男家卜吉往與女氏復恐女家翻悔不受故更言納也納徵言納者納幣帛則昏禮成復恐女家不受故更云納也請期親迎不言納者納幣則昏禮已成女家不得移改故皆不言納也其昏禮有六尊卑皆同故左氏莊公二十二年經書冬公如齊納幣穀梁傳曰納幣大夫之事也禮有納采有問名有納徵有告期四者備而後娶禮也公之親納幣非禮也故譏之彼無納吉者以莊公在母喪內親行納幣非禮之事故闕其納吉以非之也○注達通至廉恥○釋曰鄭云必先使媒氏下通其言女氏許之乃後使人納其采擇之禮者欲見納采之前有此下達之言也案周禮地官有媒氏職是天子之官則諸侯之國亦有媒氏傳通男女使成婚姻故云媒氏也云用鴈爲摯者取其順陰陽往來者案周

禮大宗伯云以禽作六摯卿執羔大夫執鴈士執雉此皆禮無問尊卑皆用鴈故鄭注其意云取順陰陽往來也順陰陽往來者鴈木落南翔冰泮北徂夫爲陽婦爲陰今用鴈者亦取婦人從夫之義是以昏禮用焉引詩者證須媒下達之義也云昏必由媒交接設紹介者詩云匪媒不得是由媒也其行五禮自納采已下皆使使往是交接設紹介也云皆所以養廉恥者解所以須媒及設紹介者皆所以養成男女使有廉恥也使媒通之媵御沃盥交之等皆是行事之漸養廉恥之義也

主人筵于戶西西上右几

主人女父也筵爲神布席也戶西者尊處將以先祖之遺體許人故受其禮於禰廟也席西上右設几神不統於人席有首尾

疏 主人至右几○釋曰此女將受男納采之禮故先設神坐乃受之○注主人至首尾○釋曰云筵爲神布席也者下文禮賓云徹几改筵是爲人設席故以此爲神席也云戶西者以戶西是賓客之位故爲尊處也必以西爲客位者以地道尊右故也知受禮於禰廟者以記云凡行事受諸禰廟也云席西上右設几神不統於人者案鄉射燕禮之等設席皆東上是統於人今以神尊不統於人取地道尊右之義故席西上几在右也云席有首尾者以公食記蒲筵萑席皆卷自末是席有首尾也

使

者玄端至使者夫家之屬若羣吏使往來者玄端士莫夕之服又服以事於廟有司緇裳

疏使者玄端至○注使者至緇裳○釋曰云使者夫家之屬者案士冠贊者於中士下差次爲之此云夫家之屬亦當然假令主人是上士屬是中士主人是中士屬是下士主人是下士屬亦當是下士禮窮即同也云玄端士莫夕之服又服以事其廟者此亦如士冠禮玄端士莫夕於朝之服也但士以玄端祭廟今使者服玄端至亦於主人廟中行事故云又服以事其廟也云有司緇裳者案士唯有三等之裳玄裳黃裳雜裳此云緇裳者即玄裳者矣以其緇玄大同小異也然士有三等裳今直言玄裳者據主人是上士而言案士冠云有司如主人服則三等士之有司亦如主人服也

擯者出請事入告擯者有司佐禮者請猶問也禮不必事雖知猶問之重慎也

疏擯者至入告○注擯者至慎也○釋曰云擯者有司佐禮者案士冠禮有有司並是主人之屬及羣吏佐主人行禮之人故知此擯者亦是主人有司佐禮者也在主人曰擯云請猶問也禮不必事雖知猶問之重慎也者案論語云無必故云不必事也以其前已有下達之事今使者來在門外是知有昏事也而猶問之重慎也

主人如賓服迎

于門外再拜賓不荅拜揖入門外大門外不荅拜者奉使不敢當其盛禮【疏】主人至揖入○釋曰案士冠禮主人迎賓於大門外云主人西面賓東面此及鄉飲酒鄉射皆不言面位者文不具耳當亦如士冠也○注門外至盛禮○釋曰知門外是大門外者以其大夫唯有兩門寢門大門而已廟在寢門外之東此下有至于廟門明此門外是大門外可知也云不荅拜者奉使不敢當其盛禮者此士卑無君臣之禮故賓雖屬吏直言不荅拜不言辟若諸侯於使臣則言辟是以射禮賓迎入門公拜賓辟不荅拜公食大夫主爲賓已故賓荅拜稽首亦辟乃拜之以其君尊故也至于廟門揖入三揖至于階三讓入三揖者至內霤將曲揖既曲北面揖當碑揖【疏】至于至三讓○注入三至碑揖○釋曰凡入門三揖者以其入門賓主將欲相背故須揖賓主各至堂塗北面相見故亦須揖至碑碑在堂下三分庭之一在北曲庭中之節故亦須揖但士冠注云入門將右曲揖將北曲揖當碑揖此注至內霤將曲揖既曲北面揖當碑揖文不同者鄭舉二文相兼乃足也三者禮之大節尊卑同故鄉飲酒鄉射聘禮公食大夫皆有此三揖之法但注有詳略耳主人

以賓升西面賓升西階當阿東面致命主人阼階上北面再拜阿棟也入堂深示親親今文阿爲庪疏主人至再拜○釋曰賓則使者也禮之通例賓主敵者賓主俱升若士冠與此文是也若鄉飲酒鄉射皆主尊賓卑故初至之時主人升一等賓乃升至卒洗之後亦俱升唯聘禮公升二等賓始升者彼注云亦欲君行一臣行二也覲禮王使人勞侯氏使者不讓先升者奉王命尊故也主人阼階上北面再拜者主人不言當阿則如鄉飲酒主人當楣再拜○注阿棟至爲庪○釋曰案鄉飲酒聘禮皆云賓當楣無云當阿者獨此云賓當阿故云示親親也凡士之廟五架爲之棟北一楣下有室戸中脊爲棟棟南一架爲前楣楣前接簷爲庪鄉射記云序則物當棟堂則物當楣故云是制五架之屋也鄉大夫射於庠庠則有室故物當前楣士射於序序則無室故物當棟此士之廟雖有室其棟在室外故賓得深入當之也授于楹閒南面授於楹閒明爲合好其節同也南面並授也疏授于楹閒南面○注授於至授也○釋曰楹閒謂兩楹之閒賓以鴈授主人於楹閒者明和合親好令其賓主遠近節同也凡賓主敵者授於楹閒不敵

者不於楹閒是以聘禮賓覿大夫云受幣于楹閒南面鄭注云受幣楹閒敵也聘禮又云公側襲受玉于中堂與東楹之閒鄭注云東楹之閒亦以君行一臣行二至禮賓及賓私覿皆云當東楹是尊卑不敵故不於楹閒也今使者不敵而於楹閒故云明爲合好也云南面並授也者以經云南面不辨賓主故知俱南面並授也

賓降出主人降授老鴈老羣吏之尊者疏賓降至老鴈○釋曰授鴈訖賓降自西階出門主人降自阼階授老鴈於階立待後事也○注老羣吏之尊者○釋曰大夫家臣稱老是以喪服公士大夫以貴臣爲室老春秋左氏傳云執臧氏老論語云趙魏老禮記大夫室老行事皆是老爲家臣之貴者士雖無君臣之名云老亦是羣吏中尊者也

擯者出請不必賓之事有無疏擯者出請○注不必至有無○釋曰此主人不知賓有事使擯出請者亦是不必賓之事有無也

賓執鴈請問名主人許賓入授如初禮問名者將歸卜其吉凶古文禮爲醴疏賓執至初禮○釋曰此之一使兼行納采問名二事相因又使還須卜故因即問名乃還卜之故共一使也云主人許者擯請入告乃報賓賓得主人許乃入

門外堂授鴈與納采禮同故云如初禮也○注問名至爲醴○釋曰言問名者問女之姓氏不問三月之名故下記問名辭云某既受命將加諸卜敢請女爲誰氏鄭云誰氏者謙也不必其主人之女是問姓氏也然以姓氏爲名者名有二種一者是名字之名三月之名是也一者是名號之名故孔安國注尚書以舜爲名鄭君目錄以曾子爲姓名亦據子爲名皆是名號爲名者也今以姓氏爲名亦名號之類也鄭云將歸卜其吉凶者亦據下記文也

擯者出請賓告事畢入告出請醴賓此醴亦當爲禮禮賓者欲厚之

疏擯者至醴賓○注此醴至厚之○釋曰此下至送于門再拜主人禮賓之事云此醴亦當爲禮者亦士冠禮賓爲醴字彼已破從禮故云亦此以醴酒禮賓不從醴者以大行人云上公再祼而酢侯伯一祼而酢子男一祼不酢及以酒禮之用齊禮之皆不依酒醴爲名皆取相禮故知此醴亦爲禮敬之禮不取用醴爲醴之義也秋官司儀云諸公相爲賓及將幣賓亦如之注云上於下曰禮敵者曰儐聘禮鄉亦云無擯注云無擯辟君是大夫已上尊得有禮擯兩名士以下卑唯稱禮也

賓禮辭許禮辭一辭

疏賓禮辭許○注禮辭一辭○釋曰禮賓一辭許者主人禮賓之

常法鄉已行納采問名賓主之情已通矣故畧行一辭而已

主人徹几改筵東上側尊甒醴于房中徹几改筵者鄉爲神今爲人側尊亦言無玄酒側尊於房中亦有篚有籩豆如冠禮之設疏主人至房中○釋曰徹几改筵者於戶西禮神坐徹去其几於後授賓改設其筵設側尊甒醴在東房之中以禮賓也○注徹几至之設○釋曰經云東上者統於主人注云鄉爲神今爲人者爲神則西上爲人則東上不同故辨之云側尊亦言無玄酒者醴糟例無玄酒配之以其醴象大古質故士冠與此昬禮之等皆無玄酒也鄭知此亦有篚有籩豆如冠禮者此下云贊者酌醴加角柶明有篚盛之又云贊者薦脯醢則有籩豆可知但冠禮尊在服北南上則此尊與篚等亦南上故云如冠禮之設也

主人迎賓于廟門外揖讓如初升主人北面再拜賓西階上北面荅拜主人拂几授校拜送賓以几辟北面設于坐左之西階上荅拜拂拭也拭几者尊賓新之也校几足辟逡遁古文校爲枝疏

主人至荅拜○釋曰云主人迎賓于廟門外揖讓如初升者如納采時三揖三讓也云主人北面再拜者拜賓至此堂飲之是以公食大夫燕禮鄉飲酒鄉射大射皆云拜至並是拜賓至此堂也但燕禮大射公食大夫皆云至再拜先言至者欲見賓至乃拜之是有尊卑不敵之義餘皆言拜至至在拜下者禮敵之義也若然此爲禮賓有拜至者前雖有納采問名之事以昏禮有相親之義故雖後亦拜至也聘禮享禮及禮賓不拜至者聘禮不取相親之義故不拜至是以彼鄭注云以賓不於此始至也云主人拂几者此拂几雖不言外拂内拂又不言三此案有司徹主人西面左手執几縮之以右袂推拂几三二手横執几進授尸于筵前注云衣袖謂之袂推拂去塵示新云拂者外拂之也則此亦外拂之三也凡行敵○禮者拂几皆若此卑於尊者則内拂之故聘禮云宰○内拂几三奉兩端以進鄭云内拂几不欲塵坋尊者是也若然冠禮禮○賓無几者冠禮比昏爲輕故無几鄉飲酒鄉射及燕賓賓輕故無几聘賓及公食大夫賓重故有几也云授校者凡授几之法卑者以兩手執几兩端尊者則以兩手於几間執之授皆然是以聘禮宰夫奉兩端以進有司徹云尸進二手受于手閒注云受從手閒謙也雖不言兩手兩手授之可知又案聘禮云公東南鄉外拂几三卒振袂中攝之進西鄉賓進

訝受几于筵前以此言之公尊中執几以一手則賓以兩手於几兩端執之也而此亦賓主不敵授校者昏禮異於餘禮云拜送者此當再拜拜送君於聘賓則一拜故聘禮云公一拜送鄭注云公尊也是也此几以安體非己所得故賓受訖然後荅拜下經受醴之時先拜乃受者彼是入口之物已所當得故先拜乃受之云賓以几辟者以賓卑故以几辟聘禮賓卑亦云以几几辟有司徹不云以几辟者尊尸故也覲禮不云以几辟者尊王使○也几設几之法受時或受其足或受于手閒皆橫受之及其設之皆旋几縱執乃設之於坐南北面陳之位爲神則右之爲人則左之爲異不坐設之者几輕故也○注拂拭至爲枝○釋曰鄭知校几足者旣夕記云綴足用燕几校在南御者坐持之故知校是几足也

贊者酌醴加角柶面葉出于房贊佐也佐主人酌事也贊者亦洗酌加角柶覆之如冠禮矣出房南面待主人迎○受○古文葉作擖

疏贊者至于房○注贊佐至作擖○釋曰云贊者亦洗酌加角柶覆之如冠禮矣者案冠禮云贊者洗於房中側酌醴加柶覆之此與冠禮同故知如冠禮矣

主人受醴面枋筵前西北面賓拜受醴復位主人阼

階上拜送主人西北面疑立待賓即筵也賓復位於西階上北面明相尊敬此筵不主爲飲食起

疏主人至拜送○注主人至食起○釋曰經唯云主人西北面知疑立者鄉飲酒云主人阼階東疑立明此亦然也凡主人將授酒醴於筵前待賓即筵前乃授之此鄭云即筵謂就筵前與下賓即筵別也是以冠禮禮子及下禮婦皆於筵西受禮○然禮賓進筵前受醴是不躐席之事也云賓復位於西階上北面明相尊敬此筵不主爲飲食起者但此筵爲行禮故拜及啐皆於西階也

贊者薦脯醢薦進賓即筵坐左執觶祭脯醢以柶祭醴三西階上北面坐啐醴建柶興坐奠觶遂拜主人荅拜即就也左執觶則祭以右手也凡祭於脯醢之豆閒必所爲祭者謙敬示有所先也啐嘗也嘗之者成主人意建猶扱也興起也奠停也

疏贊者○至荅拜○釋曰此經云坐奠觶遂拜言遂者因事曰遂因建柶興坐奠觶不復興遂因坐而拜冠禮禮子并醮子及此下禮婦不言坐奠觶遂者皆文不具聘禮賓不言拜者理中有拜可知也○注即就至停也○釋曰鄭云祭以右手出于鄉射也

云凡祭於脯醢之豆閒者謂祭脯醢俎豆皆於豆閒此及冠禮鄉飲酒鄉射燕禮大射皆有脯醢則在籩豆之閒此注不言籩直言豆者省文公食大夫及有司徹豆多者則言祭於上豆之閒也云必所爲祭者謙敬示有所先也者案曲禮云主人延客祭注云祭祭先也君子有事不忘本也此云謙敬示有所先先即本謂先世造此食者也云啐嘗也嘗之者成主人意者主人設饌望賓爲美之今客嘗之告旨是成主人意也

賓即筵奠于薦左，**降筵北面坐取脯**，**主人辭**。薦左籩豆之東降下也自取脯者尊主人之賜將歸執以反命辭者辭其親徹

疏 賓即至人辭○釋曰此奠於薦左不言面位下贊禮婦奠于薦東注云奠于薦東升席奠之此云奠于薦東升席奠之明皆升席南面奠也必南面奠者取席之正又祭酒亦皆南面並因祭酒之面奠之則冠禮禮子亦南面奠之聘禮禮賓賓北面奠者以公親執束帛待賜已不敢稽留故由便疾北面奠之也鄉飲酒鄉射酬酒不祭不舉不得因祭而奠于薦東也燕禮大射重君物君祭酬酒故亦南面奠云降下也自取脯者尊主人之賜將歸執以反命者案下記云賓右取脯左奉之乃歸執以反命是也

賓降授人脯，**出**。**主**

人送于門外再拜 人謂使者從者授於階下西面然後出去 疏 賓降至再拜。注人謂至出去。釋曰鄭知人謂使者從者者以其此脯使者將歸故授從者也又知授於階下西面然後出去者以其賓位在西授脯文在出上故知西階下西面授之然後出去也

納吉用鴈如納采禮 歸卜於廟得吉兆復使使者往告昏姻之事於是定 疏 納吉至采禮。釋曰案上文納采在前問名在後今此不云如問名而云如納采者問名賓不出大門故此納吉如其納采也。注歸卜至是定。釋曰鄭知義然者案下記云納吉曰吾子有貺命某加諸卜占吉使某也敢告凡卜並皆於禰廟故然也未卜時恐有不吉婚姻不定故納吉乃定也

納徵玄纁束帛儷皮如納吉禮 徵成也使使者納幣以成昏禮用玄纁者象陰陽備也束帛十端也周禮曰凡嫁子取妻入幣純帛無過五兩儷兩也執束帛以致命兩皮爲庭實皮鹿皮今文纁皆作熏 疏 納徵至吉禮。釋曰此納徵無鴈者以有束帛爲贄故也是以孝經鉤命決云五禮用鴈是也納徵者案春秋左氏莊公二十二年冬公如齊納幣不言納徵者孔子制春秋變周之文從殷之質故指幣體而言周文故以義

言之徵成也納此則昏禮成故云徵也○注徵成至作焉○釋曰云用玄纁者象陰陽備也束帛十端也者周禮凡嫁子娶妻入幣緇帛無過五兩鄭彼注云納幣帛緇婦人陰也凡於娶禮必用其類五兩十端也必言兩者欲得其配合之名十象五行十日相成也士大夫乃以玄纁束帛天子加以穀圭諸侯加以大璋雜記云納幣一束束五兩兩五尋然則每端二丈若彼據庶人空用緇色無纁故鄭云用緇婦人陰此玄纁俱有故云象陰陽備也案玉人穀圭天子以聘女大璋諸侯以聘女故鄭據而言焉玄纁束帛者合言之陽奇陰耦三玄二纁也其大夫無冠禮而有昏禮若試爲大夫及幼爲大夫者依士禮若五十而爵改娶者大夫昏禮玄纁及鹿皮則同於士餘有異者無文以言也

請期用鴈主人辭賓許告期如納徵禮

主人辭者陽倡陰和期日宜由夫家來也夫家必先卜之得吉日乃使使者往辭即告之

疏

請期至徵禮○釋曰請期如納徵禮納吉禮如納采禮案上納采之禮下至主人拜送於門外其中揖讓升降及禮賓迎送之事此皆如之○注主人至告之○釋曰婿之父使使納徵訖乃下卜婿月得吉日又使使往女家告日是期由男家來今以男家執謙故遣使者請女家若云期由女氏故云

請期女氏知陽倡陰和當由男家出故主人辭之使者既見主人辭遂告主人期日也是以下記云使者曰某使某受命吾子不許某敢不告期曰某日注云某吉日之甲乙是告期之辭故鄭云辭即告也

期初昏陳三鼎于寢門外東方北面北上其實特豚合升去蹄舉肺脊二祭肺二魚十有四腊一肫髀不升皆飪設扃鼏

期取妻之日鼎三者升豚魚腊也寢壻之室也北面鄉內也特猶一也合升合左右胖升於鼎也去蹄蹄甲不用也舉肺脊者食時所先舉也肺者氣之主也周人尚焉脊者體之正也食時則祭之飯必舉之貴之也每皆二者夫婦各一耳凡魚之正十五而鼎減一爲十四者欲其敵偶也腊兔腊也肫或作純純全也凡腊用全髀不升者近竅賤也飪孰也扃所以扛鼎鼏覆之古文純爲鈞髀爲脾今文扃作鉉鼏皆作密

○疏 期初至扃鼏○釋曰此文下盡合卺一節論夫家欲迎婦之時豫陳同牢之饌也云陳三鼎於寢門外東方北面北上者謂在大寢門外也言東方北面是禮之正但數鼎故云北面北上則此及少牢皆是也特牲陳鼎於門外北面北上當門

而不在東方者辟大夫故也今此亦東方不辟大夫者重昏禮攝盛也鼎不言北上直言北面士冠所云是也凡鼎陳於外者北面爲正。阼階下西面爲正士喪禮小斂陳一鼎於門外西面者喪禮少。變在東方者未忍異於生。於大斂大奠及朔月奠既夕陳鼎皆如大斂奠門外皆西面者亦是喪禮既夕變也士虞陳三鼎于門外之右北面北上入設于西階前東面而北上不在東者既葬鬼事之反吉故也公食陳鼎七當門南面西上者以賓是外人向外統之。注期取至作密。釋曰云期娶妻之日者此陳同牢之饌下云親迎之禮其中無厥明之文明是娶婦之日也云鼎三者外豚魚腊也者即經文自顯也云寢壻之室也者命士以上之父子異宫自然別有寢若不命之士父子同宫雖大院同居其中亦隔別各有門戶故經總云寢門外也云合升合左右胖升於鼎也者以夫婦各一故左右胖俱升若祭則升右也云去蹄蹄甲不用也者以其踐地穢惡也云舉肺脊者食時所先舉者案下文贊者告具揖婦即對筵皆坐祭祭薦黍稷肺即此祭肺也下又云贊爾黍稷。授肺脊皆食以涪醬皆祭舉食舉也即此舉肺脊也祭時二肺俱有生人唯有舉肺皆祭今此得有祭肺者禮記郊特牲論娶婦玄冕齊戒鬼神陰陽也故與祭祀同二肺也據下文先用祭肺後用舉肺此經先言舉肺後言祭肺者以舉肺脊長大故先言是以特牲少牢入鼎時舉肺脊在前云肺者氣之主也周人尚焉者案禮記明堂位云有虞氏祭首夏后氏祭心殷祭肝周祭肺鄭注云氣主盛也但所尚不同故云周人尚焉云脊者體之正也食時則祭之者對祭肺未食時祭也云飯必舉之貴之也者但一身之上體總有二十一節前有肩臂臑後有肫胳脊在中央有三脊正脡橫脊而取中央正脊故云體之正凡云先以對後案特牲舉肺脊後食幹骼注云肺氣之主也脊正體之貴者先食啗之所以導食通氣此不言先食啗之從彼可知也云每皆二者夫婦各一耳者釋經多之義云凡魚之正十五而鼎減一爲十四者據特牲記云魚十有五注云魚水物以頭枚數陰中之物重○數於月十有五日而盈少牢饋食禮亦云十有五而俎尊卑同則是尊卑同用十五而同鼎也云欲其敵偶也者夫婦各有七也此夫婦鬼神陰陽故同祭禮十五而去一若平生人則與此異故公食大夫一命者七魚再命者九魚三命者十有一魚天子諸侯無文或諸侯十三魚天子十五魚也云腊兔腊也者少牢用麋腊士兔腊可知故曲禮云兔曰明視也云肫或作純純全也凡腊用全者此或少牢文案少牢腊一純注云純猶全也凡牲體則用一胖不得云全其腊則左右體脅相配共爲一體故得全名也特牲少牢亦用

全士喪大斂與士虞皆用左胖不全者喪禮畧云今文䆠皆作密者鄭以省文故兼下綌冪總疊之故云皆也

設洗于阼階東南洗所以承盥洗之器棄水者饌于房中醯醬二豆菹醢四豆兼巾之黍稷四敦皆蓋醯醬者以醯和醬生人尚褻味兼巾之者六豆共巾也巾爲禦塵蓋爲尚溫周禮曰食齊視春時

疏○饌于至皆蓋○注醯醬至春時○釋曰鄭知以醯和醬者得醯者無醬得醬者無醯若和之則夫妻皆有是以知以醯和醬也云生人尚褻味者此文與公食皆以醯和醬少牢特牲不言之故云然也引周禮釋敦皆有蓋者飯宜溫士春時故也

大羹湆在爨大羹湆煮肉汁也大古之羹無鹽菜爨火上周禮曰羹齊視夏時今文湆皆作汁

疏大羹湆在爨○注大羹至作汁○釋曰湆與汁一也知大古之羹無鹽菜者左傳桓二年臧哀伯云大羹不致禮記郊特牲云大羹不和謂不致五味故知不和鹽菜唐虞以上曰大古有此羹三王以來更有鉶羹則致以五味雖有鉶羹猶存大羹不忘古也引周禮者證大羹須熱故在爨臨食乃取也

尊于室中北墉下有禁

玄酒在西綌冪加勺皆南枋墉牆也禁所以庪甒者玄酒不忘古也綌麤葛今文枋作柄疏尊于至南枋○注墉牆至作柄○釋曰云禁所以庪甒者士冠云甒此亦士禮雖不言甒然此尊亦甒也庪承於甒云禁者因為酒戒故以禁言之也云玄酒不忘古也者古謂黃帝已前以禮運云汙尊而抔飲謂神農時雖有黍稷未有酒醴則神農以上以水為玄酒也禮運又云後聖有作以為醴酪據黃帝以後雖有酒醴猶是不忘古也

尊于房戶之東無玄酒篚在南實四爵合巹無玄酒者畧之也夫婦酌於內尊其餘酌於外尊合巹破匏也四爵兩巹凡六為夫婦各三酳一升曰爵疏尊于至合巹○注無玄至曰爵○釋曰云無玄酒者畧之者此對上文夫婦之尊有玄酒此尊非為夫婦故畧之也云夫婦酌於內尊其餘酌於外尊者據上文玄酒知之云一升曰爵者韓詩外傳云一升曰爵二升曰觚三升曰觶四升曰角五升曰散是也

主人爵弁纁裳緇袘從者畢玄端乘墨車從車二乘執燭前馬主人壻也壻為婦主爵弁而纁裳玄冕之

次大夫以上親迎冕服冕服迎者鬼神之鬼神之者所以重之親之纁裳者衣緇衣不言衣與帶而言袘者空其文明其與袘俱用緇袘謂緣袘之言施以緇緣裳象陽氣下施從者有司也乘貳車從行者也畢猶皆也墨車漆車士而乘墨車攝盛也執燭前馬使徒役持炬火居前炤道（疏）主人至前馬○釋曰此至俟于門外論婿親迎之節○注主人至炤道○釋曰云主人婿也者以其親迎向女家女父稱主人男稱婿已下皆然今此未至女家仍據男家而言故云主人是婿為婦主故下親迎至男家婿還稱主人也云爵弁而纁裳者下爵弁亦冕之類故亦纁裳也云玄冕之次者鄭注周禮弁師云一命之大夫冕而無旒士變冕為爵弁故云冕之次也云大夫以上親迎冕服者上家自祭服玄端助祭用爵弁今爵弁用助祭之服親迎一為攝盛則卿大夫朝服以自祭助祭用玄冕親迎亦當玄冕攝盛也若上公有孤之國孤絺冕卿大夫同玄冕侯伯子男無孤之國卿絺冕大夫玄冕也孤卿大夫士為臣卑攝盛取助祭之服以親迎則天子諸侯為尊則袞矣不須攝盛宜用家祭之服則五等諸侯玄冕以家祭則親迎不過玄冕天子親迎當服袞冕矣是以禮記郊特牲云玄冕齋戒鬼神陰陽也將以為社稷主以社稷言之據諸侯而說故知諸侯玄冕也其於孤卿雖絺冕以

助祭至於親迎亦用玄冕臣乃不得過君故也云冕服迎者鬼神之鬼神之者所以重之親之者郊特牲文云纁裳者衣緇衣不言衣與帶而言袘者空其文明其與袘俱用緇者鄭言纁裳者衣緇衣言緇衣即玄衣大同故也上士冠陳爵弁服云緇衣緇帶此文有緇袘無衣帶二字故云空其文以袘著緇者欲見袘與衣帶色同故云俱用緇也云袘謂緣者謂純緣於裳故字從衣云袘之言施者義取施及於物故作施也云以緇緣裳象陽氣下施者男陽女陰男女相交接示行事有漸故云象陽氣下施故以衣帶上體同色之物下緣於裳也云從者有司也乘貳車從行者也者以士雖無臣其僕隸皆曰有司使乘貳車從壻大夫已下有貳車士無貳車此有者亦是攝也。云墨車漆車者案巾車注云棧車不革輓而漆之則士之棧車漆之但無革為異耳案考工記云棧車欲其弇鄭云無革輓又云飾車欲其侈鄭云革輓則大夫已上皆以革輓則得飾車之名飾者革上又有漆飾士用無飾雖有漆不得名墨車故唯以棧車為名若然自卿已上更有異飾則又名玉金象夏篆夏縵之等也云士乘墨車攝盛也者案周禮巾車云一曰玉路以祭祀又云金路同姓以封象路異姓以封革路以封四衛木路以封蕃國孤乘夏篆卿乘夏縵大夫乘墨車士乘棧車庶人乘役車士乘大夫墨車為攝蓋則大夫當乘卿之夏縵卿當乘孤之夏篆已上有木路質而無飾不可使孤乘之禮窮則同也孤還乘夏篆又於臣之外特置亦是尊尊則尊矣不欲攝盛若然庶人當乘士之棧車則諸侯天子尊則尊矣亦不假攝盛依巾車自乘本車矣玉路祭祀不可。以親迎當乘金路矣以攝言。之士之子冠與父同則昏亦同但尊適子皆與父同庶子宜降一等也

婦車亦如之有裧

亦如之者車同等士妻之車夫家共之大夫以上嫁女則自以車送之裧車裳幃周禮謂之容車有容則固有蓋

疏 婦車至有裧○注亦如至有蓋○釋曰婦車亦墨車但有裧爲異耳曰士妻之車夫家共之者即此是也云大夫以上嫁女則自以車送之者案宣公五年冬左傳云齊高固及子叔姬來反馬也休以爲禮無反馬而左氏以爲得禮禮婦人謂嫁曰歸明無大故不反於家經書高固及子叔姬來故譏乘行匹至也士昏皆異據士禮無反馬蓋失之矣士昏禮曰主人爵弁纁裳緇袘從者畢玄端乘墨車從車二乘執燭前馬婦車亦如之有裧此婦乘夫家之車鵲巢詩曰之子于歸百兩御之又曰之子于歸百兩將之國君之禮夫人始嫁自乘其車也何彼襛矣篇曰曷不肅雝王姬之車言齊侯嫁女以其母王姬始嫁之車遠送之則天子諸侯女嫁留其車可知今高固大夫

反馬大夫亦留其車禮雖散亡以詩論之大夫以上至天子有反馬之禮留車妻之道反馬壻之義高固秋月逆叔姬冬來反馬則婦人三月祭行故行反馬禮也以此鄭箴膏肓言之則知大夫已上嫁女自以其車送之若然詩注以爲王姬嫁時自乘其車箴膏肓以爲齊侯嫁女乘其母王姬始嫁時車送之不同者彼取三家詩故與毛詩異也凡婦車之法自士已上至孤卿皆與夫同有裧爲異異至於王后及三夫人并諸侯夫人皆乘翟車案周禮巾車王后之五路重翟厭翟安車皆有容蓋又云翟車輦車鄭注云詩國風碩○人曰翟蔽○以朝謂諸侯夫人始來乘翟蔽之車以○朝見於君盛之也此翟蔽蓋厭翟也然則王后始來乘重翟又詩序云王姬下嫁於諸侯車服不繫其夫下王后一等以此差之王后始來乘重翟則上公夫人用厭翟侯伯子男夫人用翟車若然巾車安車次厭翟在翟車之上者以其安車在宫中所乘有容蓋與重翟厭翟有屈○退之在下其實安車無翟飾不用爲嫁時所乘也三夫人與三公夫人常用翟車九嬪與孤妻同用夏篆世婦與卿大夫妻同用夏縵女御與士妻同用墨車也其諸侯夫人姪娣及二媵并姪娣依次下夫人以下○一等爲差也云裧車裳幃周禮謂之容者案巾車職重翟厭翟安車皆有容蓋鄭司農云容謂幨車山東謂之裳幃或謂之潼容後

鄭從之衛詩云漸車帷裳是山東名幃裳也云車有容則固有蓋者巾車云有容蓋容蓋相配之物此既有裧之容明有蓋可知故云固有蓋矣

至于門外婦家大門之外疏至于門外○注婦家大門之外○釋曰知是大門外者以下有揖入乃至廟廟乃大門內故知此大門外也

主人筵于戶西西上右几主人女父也筵爲神布席疏主人至右几○注主人至布席○釋曰以先祖之遺體許人將告神故女父先於廟設神席乃迎壻也

儀禮疏卷第四

南昌盧氏宣旬校定

大清嘉慶二十年用文選樓藏本校定

江西督糧道王賡言廣豐縣知縣阿應鱗栞

儀禮注疏卷四挍勘記

阮元撰盧宣旬摘録

士昏禮第二

陽往而陰來 按釋文引鄭目錄陽上有取其二字

昏禮

男父先遣媒氏女氏之家 女字上一本增一至字按女氏之家疑當作之女氏家

故關其納吉以非之也 要義毛本關作闗

主人筵于戶西

下文禮賔 毛本禮誤作體

知受禮于禰廟者 知下要義有將以先祖之遺體許人故十字

使者元端至

於中士下差次爲之 毛本差上有士字

主人如賓服

主人迎賓於大門外 毛本無賓字

寢門大門而已 已此本舊作矣誤今從要義毛本

云不荅拜者 不上要義有賓字是也

是以射禮賓迎入門 諸本同毛本射作躬亦非此是聘禮之誤

主人以賓升

獨此云賓當阿 要義同毛本無賓字

序則物當棟 毛本當誤作堂

故云是制五架之屋也 故要義作鄭

擯者出請

彼已破從禮 要義同毛本從作爲

不從醴者 要義同毛本不作字從醴別作從豊下文爲醴之義作爲豊之義皆是也

主人徹几改筵

鄉爲神 陸氏曰鄉本又作嚮○按嚮正字鄉今之向字

醴糟例無元酒配之 要義同毛本糟例作禮側

又云贄者薦脯醢 要義同毛本又作及

主人迎賓于廟門外○主人拂几授校 校改作挍疏同盧文弨云緣避明諱改

辟逡巡 釋文徐本集釋敖氏巡俱作巡通解楊氏作遁張氏云鄭氏於儀禮用逡遁字凡十有一開寶釋文獨於此作巡諸釋文本皆作遁

古文挍爲技徐本集釋技俱作技通解作枝

凡行敵禮者要義同毛本敵禮作禮敵

宰内拂几三要義同毛本宰下有夫字○按無夫字與聘禮不合

冠禮賓無几者單疏要義俱重禮字是也

尊王使也要義同閩本作尊主故也陳本作尊主使也毛本作尊王故也

凡設几之法要義同毛本設誤作授

贊者酌醴

待主人迎受毛本同迎受釋文作梧授按今本釋文梧从木聘禮公食大夫既夕皆然張氏引釋文从手各本注疏聘禮公食大夫从木既夕从手未知孰是說文無捂字有啎字訓逆也既夕疏云捂即逆也逆迎二義相近疑捂即啎之俗體而梧則又其假借通用者也盧文弨云陸梧授授字譌今案公食注及既夕經既有梧受之

言張氏引既夕乃作捂授又引玉篇云捂受也捂授謂受其所授也鄭於既夕注云謂對相授不委地則經文似當作授張說不爲無據而此處釋文授字亦未必譌也

主人受醴面枋

皆於筵西受禮　浦鏜云醴誤作禮

賓卽筵坐

贊者至荅拜　按贊者二字經文在上節此當作賓卽

賓卽筵奠于薦左

此云奠于薦東升席奠之　浦鏜云薦左誤薦東升席奠之四字當爲衍文

納吉

婚姻之事於是定　婚徐本作昏按昏嫁宜作昏婚姻宜作婚古或但用昏字凡今本經注作婚者

石經徐本俱作昏擧此爲例後不贅

凡卜並皆於禰廟　要義同毛本並作筮

故納吉乃定也　故要義作知

納徵

故指幣體而言　要義同毛本體作禮是也

納幣帛緇　要義同毛本帛作用要義又云緇元本作純

請期

及禮賓迎送之事　賓陳本要義俱作賔毛本作賓迎送毛本作送迎

乃下卜婚月　要義同毛本卜上無下字月作日

期初昏

飪熟也　熟通解徐本俱作孰按孰熟諸本錯出後不悉校

扃所以扛鼎　扛徐本作杠釋文集釋通解俱作扛

今文扃作鉉鼏皆作密　依注例鼏上當有古文二字按儀禮扃鼏屢見恐經注俱有譌說文鼎部鼏字注云以木橫貫鼎耳舉之則鼏即扃也不得爲兩字又金部鉉字注云易謂之鉉禮謂之鼏是鉉字唯易有之禮經安得有鉉今本儀禮覆尊則爲冪覆鼎則爲鼏釋文則多作鼏或强爲分別曰冪字从巾覆尊以巾則稱冪覆鼎以茅故不得稱冪然則扃字从戶何以得施于鼎且賈氏云鄭兼下綌冪總叠之故云皆可見覆鼎覆尊皆作冪矣又士喪禮及既夕冪用疏布古文皆作密是古文無分尊鼎尤爲明證也案扃鼏二字古文當爲扃密今文當爲鼏幎鄭于上字從古下字從今當注云今文扃爲鼏古文幎爲密鼏之從冂乃諧聲非會意也古蓋音冥冥扃聲相近故通作扃又音幎幎鉉聲相近故別作鉉

喪禮少變在東方者　裝　要義同少變毛本作小斂陳作少

未忍異於生　要義同毛本生下有時字

於大斂大奠及朔月奠　要義同毛本斂下無大字

蕡爾黍稷　浦鏜云稷衍字

重斂於月十有五日而盈　要義重作重月下有之字毛本重作取特牲記作取無之字

饌于房中

則夫妻皆有　陳閩監本要義同毛本妻作婦

大羹湆在爨　大陸氏云亦作泰

尊于室中北墉下□綌冪加勺　張氏云釋文冪作鼏後撤尊冪鄉飲酒鄉射尊綌冪同按毛本釋文仍作冪作冪是也然賈氏於前節疏云鄭兼下綌冪摠發之則兩處之文同矣鼏則皆鼏冪則皆冪明無尊鼏之別

綌麤葛　徐本集釋通解楊敖同毛本麤作粗

主人爵弁纁裳

乘貳車從行者也　嚴本通解楊敖同毛本貳作二

士而乘墨車　按疏無而字

使徒役持炬火　徐本楊敖同集釋通解毛本俱作從

亦當元冕攝盛也　毛本元誤作亦

故作施也　施監本作袘是也

士無貳車　要義同毛本貳作二

此有者亦是攝也　要義同陳閩者俱作二毛本攝下有盛字

皆以革鞔　要義同毛本以作有

革上又有漆飾 要義同毛本又作文

則諸侯天子尊則尊矣 下則字要義作其

亦不假攝盛 聶氏要義同毛本假作欲

玉路祭祀不可以親迎 陳監要義路俱作路毛本路作欲閩本亦誤作欲聶氏路下有非字可下有乘字當以玉路非祭祀不可乘爲一句以親迎三字屬下當乘金路矣爲一句

以攝言之 攝下聶氏有盛字

婦車亦如之

何彼襛矣篇曰 要義同毛本襛作穠

翟蔽以朝 要義同毛本蔽作茀

以朝見于君成之也 成要義作盛

然則王后始來乘重翟受 受毛本作車要義作癸按當從要義

與重翟厭翟有屈也 屈陳本要義同誤作屈毛本作差是

依次下夫人以下一等爲差也 陳閩俱無以下二字

或謂之潼容 陳本要義同毛本潼作童

至于門外

廟乃大門內 乃陳閩俱誤作乃毛本作在是也

儀禮注疏卷四挍勘記

奉新余成教挍

儀禮疏卷第五

唐朝散大夫行大學博士弘文館學士臣賈公彥等撰

女次純衣纁袡立于房中南面 次首飾也今時髲也周禮追師掌爲副編次純衣絲衣女從者畢袗玄則此。亦玄矣袡亦緣也袡之言任也以纁緣其衣象陰氣上任也凡婦人不常施袡之衣盛昏禮爲此服喪大記曰復衣不以袡明非常

【疏】女次至南面○注次首至非常○釋曰不言裳者以婦人之服不殊裳是以內司服皆不殊裳彼注云婦人尚專一德無所兼連衣裳不異其色是也注云次首飾也今時髲也周禮追師掌爲副編次者案彼注云副之言覆所以覆首爲之飾其遺象若今步繇矣編編列髮爲之其遺象若今假紒矣次次第髮長短爲之所謂髲鬄言所謂謂如少牢主婦髲鬄也又云外內命婦衣鞠衣襢衣者服編衣褖衣者服次其副唯於三翟祭祀服之士服爵弁助祭之服以迎則士之妻亦服褖衣助祭之服也若然案內司服王后之六服褘衣揄翟闕翟鞠衣展衣褖衣素沙素沙與上六服爲裏五等諸侯上公夫人與王后同侯伯夫人自揄翟而下子男夫人自闕。而

下案玉藻有鞠衣襢衣褖衣注云諸侯之臣皆分爲三等其妻以次受此服公之臣孤爲上卿大夫次之士次之侯伯子男之臣卿爲上大夫次之士次之其三夫人已下內命婦則三夫人自闕翟而下九嬪自鞠衣而下世婦自襢衣而下女御自褖衣而下嫁時以服之諸侯夫人無助天子祭亦各得申上服與祭服同也云純衣絲衣者此經純亦是絲理不明故見○絲體也云女從者畢袗玄則此衣亦玄矣者此鄭欲見既以純爲絲恐色不明故云女從袗玄則此絲衣亦同玄色矣云袡亦緣也者上纁裳緇袘袘爲緣故云袡亦緣也云袡之言任也以纁緣其衣象陰氣上任也者婦人陰象陰氣上交於陽亦取交接之義也云凡婦人不常施袡之衣盛昏禮爲此服者此純衣即褖衣是士妻助祭之服尋常不用纁爲袡今用之故云盛昏禮爲此服云喪大記曰復衣不以袡明非常者以其始死招魂復魄用生時之衣生時無袡知亦不用袡明爲非常所服爲盛昏禮故服之引之者證袡爲非常服也然鄭言凡婦人服不常施袡者鄭欲見王后已下初嫁皆有袡之意也

姆纚笄宵衣在其右

姆婦人年五十無子出而不復嫁能以婦道教人者若今時乳母矣纚縚髮。笄今時簪也纚亦廣充幅長六尺宵讀爲詩素衣朱綃之綃魯詩以綃爲綺屬也姆亦玄衣

以綃爲領因以爲名且相別姆纚至其右。釋曰此經
耳姆在女右當詔以婦禮（疏）欲見女既在房須有傅命
者之義也。注姆婦至婦禮。釋曰云姆婦人年五十無子
出而不復嫁能以婦道教人者婦人年五十陰道絕無子乃
出之案家語云婦人有七出不順父母出淫辟出無子出不
事舅姑出惡疾出多舌出盜竊出又莊二十七年何休注公
羊云無子棄絕世也淫佚棄亂類也不事舅姑棄悖德也口
舌棄離親也盜竊棄反義也嫉妒棄亂家也惡疾棄不可奉
宗廟也又家語有三不去曾經三年喪不去休云不忘恩也
賤取貴不去休云不背德也有所受無所歸不去休云不窮
窮也休又云喪婦長女不娶無教戒也世有惡疾不取棄於
天也世有刑人不娶棄於人也亂家。不娶類不正也逆家女
不娶廢人倫也是五不娶又案易同人六二鄭注云天子諸
侯后夫人無子不出則猶有六出其天子之后雖失禮鄭云
嫁於天子雖失禮無出道遠之而已若其無子不廢遠之后
尊如故其犯六出則廢之然就七出之中餘六出是無德行
不堪教人故。無子。出。能以婦道教人者。以爲姆既。教女因從
女向夫家也云若今時乳母者漢時乳母與古時乳母別案
喪服乳母者據大夫子有三母子師慈母保母其慈母闕乃
令有乳者養子謂之爲乳母死爲之服緦麻師教之乳母直

養之而已漢時乳母則選德行有乳者爲之并使教子故引之以證姆也云纚縚髮者此纚亦如士冠纚以縚爲之廣充幅長六尺以縚髮而紒之姆所異於女者女有纚兼有次此姆則有纚而無次也云笄今時簪者舉漢爲況義也云宵讀爲詩素衣朱綃之綃者引詩以爲證也云姆亦玄衣以綃爲領因以爲名者此衣雖言綃衣亦與純衣同是褖衣用綃爲領故因得名綃衣也必知綃爲領者詩云素衣朱綃詩又云素衣朱襮爾雅釋器云黼領謂之襮襮既爲領明朱綃亦領可知案上文云女褖衣下文云女從者畢袗玄皆是褖衣則此綃衣亦褖衣矣女與女從禪黼領此姆以玄綃爲領也若然特牲云綃衣者謂以綃繒爲衣如此綃爲領者以下女從者云被顈黼據領明此亦據領也云姆在女右當詔以婦禮者案禮記少儀云贊幣自左詔辭自右右地道尊右之義故姆在女右也

女從者畢袗玄纚笄被顈黼在其後

女從者謂姪娣也詩云諸娣從之祁祁如雲袗同也同玄者上下皆玄顈襌也詩云素衣朱襮爾雅云黼領謂之襮周禮曰白與黑謂之黼天子諸侯后夫人狄衣卿大夫之妻刺黼以爲領如今偃領矣士妻始嫁施襌黼於領上假盛飾耳言被明非常服

疏 女從至其後○釋曰此是從女之人

在女後後爲尊卑威儀之事也○注女從至常服○釋曰知女從是姪娣者案下文云雖無娣媵先鄭云古者嫁女必姪娣從謂之媵即此女從故云女從者謂姪娣也云詩者韓奕篇引之證。姪之義也云袗同也同玄者上下皆玄者此袗讀從左氏均服振振一也故云同玄上下皆玄也同者即婦人之服不殊裳也云纚禪也者此讀如詩云褧衣之褧故爲禪也引詩爾雅周禮者證黼得爲領之義也黼謂刺之在領爲黼文名爲襮故云黼領謂之襮云天子諸侯后夫人狄衣者案周禮內司服云掌王后之六服褘衣揄狄闕狄又注云侯伯之夫人揄狄子男之夫人亦闕狄唯二王後褘衣故云后夫人狄衣也云卿大夫之妻刺黼以爲領者以士妻言被明非常故知大夫之妻刺之常也不於后夫人下言領於卿大夫妻下乃云刺黼爲領則后夫人亦同刺黼爲領也但黼乃白黑色爲之若於衣上則畫之若於領上則刺之以爲其男子冕服衣畫而裳繡繡皆刺之其婦人領雖在衣亦刺之矣然此士妻言被禪黼謂於衣領上別刺黼文謂之被則大夫以下。刺之不別被之矣案禮記郊特牲云綃黼丹朱中衣大夫之僭禮也彼天子諸侯中衣有黼領。服則無之此今婦人事華飾故於上服有之中衣則無也云如今偃領矣者舉漢法鄭君目驗而知至今已遠偃領之制亦無可知也云士妻始嫁施襌黼於領上假盛飾耳言被明非常服者對大夫已上妻則常服有之非假也主人玄端迎于門外西面再拜賓東面荅拜賓壻疏主人至荅拜○釋曰此言男至女氏之大門外女父出迎之事也主人揖入賓執鴈從至于廟門揖入三揖至于階三讓主人升西面賓升北面奠鴈再拜稽首降出婦從降自西階主人不降送賓升奠鴈拜主人不荅明主爲授女耳主人不降送禮不參疏主人至降送○釋曰此言女父迎賓壻入廟門升堂父迎出大門之事也云賓升北面奠鴈再拜稽首者此時當在房外當楣北面知在房戶者見隱二年紀履緰來逆女公羊傳曰譏始不親迎也何休云夏后氏逆於庭殷人逆於堂周人逆於戶後代漸文迎於房者親親之義也○注賓升至不參○釋曰云賓升奠鴈拜主人不荅明主爲授女耳者案納采阼階上拜至問名納吉納徵請期轉相如皆拜獨於此主人不荅明主爲授女耳云主人不降送禮不參者禮賓主宜各一人今婦既

送主人不送者以其禮不參也**壻御婦車授綏姆辭不受**壻御者親而下之綏所以引升車者僕人之禮必授人綏疏壻御至不受○注壻御至人綏○釋曰云僕人之禮必授人綏者曲禮文今壻御車即僕人禮僕人合授綏姆辭不受謙也

婦乘以几姆加景乃驅乘以几者尚安舒也景之制蓋如明衣加之以爲行道禦塵令衣鮮明也景亦明也驅行也行車輪三周

御者代御者乃代壻今文景作幜疏婦乘至者代○注乘以至作幜○釋曰云乘以几者謂登車時也几所以安體謂若尸乘以几之類以其初昏與尸同也云景之制蓋如明衣者案既夕禮明衣裳用布袂屬幅長下膝鄭注云長下膝又有裳於蔽下體深也此景之制無正文故云蓋如明衣直云制如明衣此嫁時尚飾不用布案詩云衣錦褧衣裳錦褧裳鄭云褧襌也蓋以襌縠爲之中衣裳用錦而上加襌縠焉爲其文之大著也庶人之妻嫁服也士妻紂衣纁袡彼以庶人用襌縠連引士妻紂衣則此士妻衣上亦用襌縠頳人是國君夫人亦衣錦褧衣則尊卑同用襌縠庶人卑得與國君夫人同用錦爲衣大著此士妻不用錦不爲文大著故云行道禦風塵也

壻乘其車先俟

于門外壻車在大門外乘之先者道之也男率女女從男夫婦剛柔之義自此始也俟待也門外壻家大門外

疏壻乘至門外○注壻車至門外○釋曰云壻車在大門外者謂在婦家大門外知者以其壻於此始言乘其車故知也云男率女女從男夫婦剛柔之義自此始也者並郊特牲文云門外壻家大門外者命士巳上父子異宮故解爲壻家大門外若不命之士父子同宮則大門父之大門外也

婦至主人揖婦以入及寢門揖入升自西階媵布席于奧夫入于室即席婦尊西南面媵御沃盥交升自西階道婦入也媵送也謂女從者也御當爲訝訝迎也謂壻從者也媵沃壻盥於南洗御沃婦盥於北洗夫婦始接情有廉恥媵御交道其志

疏婦至至盥交○釋曰此明夫導於婦入門升階及對席媵御沃盥之儀云主人揖婦以入者此則詩云好人提提宛然左辟是也云夫入于室即席者謂壻也婦在尊西未設席壻旣爲主東面須設饌訖乃設對席揖即對席爲前後至之便故也○注升自至其志○釋曰云升自西階道婦入也者以尋常賓客主人在東賓在西今主人與妻俱升

西階故云道婦入也云媵送也謂女從者也。即姪娣也云御當爲訝訝迎也謂婿從者也者以其與婦人爲盥非男子之事謂夫家之賤者也知媵沃壻盥於南洗御沃婦盥於北洗者以其有南北二洗又云媵御沃盥交明知夫婦與媵御南北交相沃盥也

贊者徹尊冪舉者盥出除冪舉鼎入陳于阼階南西面北上匕俎從設執匕者執俎者從鼎而入設之匕所以別出牲體也俎所以載也

（疏）贊者至從設○注執匕至載也○釋曰案特牲少牢公食與有司徹及此昏禮等執匕俎舉鼎各別人者此吉禮尚威儀故也士喪禮舉鼎右人以右手執匕左人以左手執俎舉鼎人兼執匕俎者喪禮畧也云從設者以從別之事故從吉祭法也公食執匕俎之人入加匕於鼎陳俎於鼎南其匕與載皆舉鼎者爲之特牲注云右人也尊者於事指使可也則右人於鼎北南面匕肉出之左人於鼎西俎南北面承取肉載於俎士虞右人載者喪祭少變故在西方長者在左也今昏禮鬼神陰陽當與特牲禮同亦右人匕左人載遂執俎而立以待設也云匕所以別出牲體也者凡牲有體別謂肩臂臑肫胳脊脅之等於鼎以次別匕出之載者依其體別以次載之於俎故云別出

牲體也北面載執而俟執俎而立俟豆先設疏北面載執而俟○注執俎至先設○釋曰知俟豆先設者下文菹醢後乃云俎入設于豆東故知也○匕者逆退復位于門東北面西上執匕者事畢逆退由便至此乃著其位畧賤也疏匕者至西上○注執匕至賤也○釋曰云至此乃著其位畧賤也者案士冠未行事陳主人位訖即言兄弟及擯者之位於此初陳鼎門外時不見執匕者位至此乃著其位故言畧賤也贊者設醬于席前菹醢在其北俎入設于豆東魚次腊特于俎北豆東菹醢之東疏注豆東菹醢之東○釋曰醬與菹醢俱在豆知不在醬東者下文醬東有黍稷故知在菹醢東也贊設黍于醬東稷在其東設湆于醬南饌要方也疏贊設至醬南○注饌要方也○釋曰豆東兩俎醬東黍稷是其要方也設對醬于東對醬婦醬也設之當特俎疏設對醬于東○注對醬至特俎○釋曰壻東面設醬在南爲右婦西面則醬在北爲右皆以右手取之爲便故

知設之當特俎東也菹醢在其南北上設黍于腊北其西稷設湆于醬北御布對席贊啓會卻于敦南對敦于北啟發也今文啓作開古文卻爲綌

疏菹醢至于北○釋曰菹醢在其南北上者謂菹在醬南其南有菹有醢若壻醢在菹北從南向北陳爲南上此從北向南陳亦醢在菹南爲北上也云湆即上文大羹湆在爨者羹宜熱臨食乃將入是以公食大夫云大羹湆不和實于鐙由門入公設之于醬西是也又生人食公食大夫是也特牲士虞等爲神設皆爲敬尸尸亦不食也鄉飲酒鄉射燕禮大射不設者湆非飲食之具故無也少牢無湆者文不備有司徹有湆者賓尸禮褻故有之與少牢禮異也云設湆于醬北者案上設壻湆於醬南在醬黍之南特俎出於饌北此設婦湆於醬北在特俎東饌內則不得要方上注云要方者據大判而言耳云啓會卻于敦南對敦于北者取壻東面以南爲右婦西面以北爲右各取便也卻仰也謂仰於地也

贊告具揖婦即對筵皆坐皆祭祭薦黍稷肺贊者西面告饌具也壻揖婦使即席薦菹醢

【疏】贊者至稷肺。注贊者至菹醢。釋曰：知贊者西面告饌具者，以其所告者宜告主人，主人東面，知西面告也。云薦菹醢者，以其儀禮之內單言薦者，皆據籩豆而言也。

贊爾黍，授肺脊，皆食，以湇醬，皆祭舉，食舉也。爾，移也，移置席上，便其食也。皆食，食黍也。以，用也。用者，謂啜湇帀醬。古文黍作稷。

【疏】贊爾至舉也。釋曰：云祭舉食舉也者，舉謂舉肺，以其舉以祭以食，故名肺爲舉，則上文云祭者祭肺也。○注爾移至作稷。○釋曰：云爾移也者，爾訓爲近，謂移之使近人，故云移置席上，便其食也。案玉藻云食坐盡前，謂臨席前畔，則不得移黍於席上，此云移置席上者，鬼神陰陽，故此昏禮從特牲祭祀法。云皆食食黍也者，案特牲、少牢，祭舉食舉乃飯，此先食黍乃祭舉相反者，彼九飯禮成，故先食舉以爲導食氣，此三飯禮畧，故不須導也。此先爾黍稷後授肺，特牲亦然，以其士禮同也。少牢佐食先以舉肺脊授尸乃爾黍者，大夫禮與士異故也。然士虞亦先授舉肺脊後乃爾黍者，喪禮與吉反故也。云川者謂啜湇肺帀醬者，以其大羹汁不用箸，啜醬又不須以箸，故用口啜湇，用指帀醬也。

三飯卒食。卒，已也。同牢示親，不主爲食，起三飯而成禮也。

【疏】三飯卒食。○注同牢至禮

也○釋曰云同牢示親不主爲食起者少牢十一飯特牲九飯而禮成此獨三飯故云同牢示親不主爲食起三飯而成禮也

贊洗爵酌酳主人主人拜受贊戶內北面荅拜酳婦亦如之皆祭

酳漱也酳之言演也安也漱所以絜口且演安其所食酳酌內尊

【疏】贊洗至皆祭○釋曰自此至尊否論夫婦食訖酳及徹饌於房節云主人拜受者壻拜當東面酳婦亦如之者婦拜當南面是以少牢云饔皆荅拜鄭注云在東面席者東面拜在西面席者皆南面拜故知婦拜南面若贊荅婦拜亦於戶內北面也云皆祭者祭先也○注酳漱至內尊○釋曰云酳漱也酳之言演也安也漱所以絜口且演安其所食者案特牲云主人洗角升酌酳尸注云酳猶衍也是獻尸也謂之酳者尸既卒食又欲頤衍養樂之又少牢云主人酌酒乃酳尸注云酳猶羨也既食之而又飲之所以樂之三注不同者文有詳畧相兼乃具士虞亦是酳尸注直云酳安食也不言養樂及羨者喪故畧之此三酳俱不言獻皆云酳直取其絜故注云漱所以絜口演安其所食亦頤養樂之義知酳酌內尊者以下文云贊酌于戶外尊故知此夫婦酌內尊也

贊以肝從皆振祭

嚌肝皆實于菹豆肝肝炙也飲酒宜有肴以安之疏贊以至菹豆○釋曰案特牲少牢獻尸以肝從尸嚌之加于菹豆與此同禮之正也主人與祝亦以肝從加於俎不加於豆者下尸故不敢同之也士虞獻尸尸以肝加於俎者喪祭故鄭云加於俎從其牲體也以喪不志於味但此云實不云加異於祭故也卒爵皆拜贊荅拜受爵再酳如初無從三酳用巹亦如之亦無從也疏卒爵至如之○注亦無從也○釋曰卒爵皆拜贊荅拜者獻主處也云再酳如初者如自贊洗爵已下至荅拜受爵也云亦無從也者三酳用巹亦如之亦自贊洗爵至受爵鄭直云亦無從用巹文承再酳之下明知事事如再酳以其初酳有從再酳如初無從三酳用巹亦無從故鄭以亦無從言之其實皆同再酳也贊洗爵酌于戶外尊入戶西北面奠爵拜皆荅拜坐祭卒爵拜皆荅拜興贊酌者自酢也疏贊洗至拜興○釋曰言皆者皆夫婦也三酳乃酌外尊自酢者皆是器賤者也旣隔合巹乃用爵不嫌相襲爵明更洗餘

爵也主人出婦復位復尊西南面之位疏主人出婦復位○注復尊西南面之位○釋曰直云主人出不云處所案下文云主人說服于房矣則此時亦向東房矣云復尊西南面之位者婦人不宜出復入故因舊位而立也乃徹于房中如設于室尊否徹室中之饌設于房中爲媵御餕之徹尊不設有外尊也疏乃徹至尊否○釋曰經云乃徹于房中如設于室雖據豆俎而言理兼於尊矣故云徹尊不設有外尊明徹中兼尊也云尊否者唯尊不設于房中而言也知爲媵御餕之者下文云媵餕主人之餘已下是也主人說服于房媵受婦說服于室御受姆授巾巾所以自絜清今文說皆作稅疏主人至授巾○釋曰自此至呼則聞論夫婦寢息及媵御餕之事也云主人說服于房媵受婦說服于室御受者與沃盥交同亦是交接有漸之義也疊今文爲稅不從者稅是追服之言非脫去之義故不從也御衽于奧媵衽良席在東皆有枕北止衽臥席也婦人稱夫曰良孟子曰將見良人之所之止足也古文止作趾疏御衽至北止○

注衽臥至作趾○釋曰衽于奧主于婦席使御布婦席使媵布夫席此亦示交接有漸之義也云衽臥席也者案曲禮云請席何鄉請衽何趾鄭云坐問鄉臥問趾因於陰陽彼衽稱趾明衽臥席也若然前布同牢席夫在西婦在東今乃夫在東婦在西易處者前者示有陰陽交會有漸故男西女東今取陽往就陰故男女各於其方也云孟子者案孟子離婁篇云齊人有一妻一妾而處室者其良人出則必饜酒肉而後反其妻問所與飲食者則盡富貴者其妻告其妾曰良人出則饜酒肉而後反問所與飲食者則盡富貴者也而未嘗有顯者來吾將瞷良人之所之注云瞷視也彼瞷爲視亦得爲見故鄭此注爲見也引之者證婦人稱夫爲良人之義也云古文止作趾者雖疊古文趾爲足亦一義也

主人入親說婦之纓 入者從房還入室也婦人十五許嫁笄而禮之因著纓明有繫也蓋以五采爲之其制未聞

疏 主人至之纓○注入者至未聞○釋曰知從房還入室者夫前出說服於房今言入明從房入室也云婦人十五許嫁笄而禮之因著纓者案曲禮云女子許嫁纓又云女子許嫁笄而字鄭據此諸侯文而言但言十五許嫁則以十五爲限則自十五已上皆可許嫁也云明有繫也者纓是繫物爲之明有繫也云蓋以五采爲之者以周

禮巾車職五路皆有繁纓就數鄭注纓皆用五采罽爲之此纓雖用絲爲之當用五采但無文故云蓋以疑之也云其制未聞者此纓與男子冠纓異彼纓垂之兩傍結其絛此女子纓不同於彼故云其制未聞但纓有二時不同内則云男女未冠笄者總角衿纓皆佩容臭鄭注云容臭香物也以纓佩之爲迫尊者給小使也此是幼時纓也内則又云婦事舅姑子事父母衿纓綦屨注云衿猶結也婦人有纓示繫屬也是婦人女子有二時之纓内則示有繫屬之纓即許嫁之纓與此説纓一也若然笄亦有二等案問喪親始死笄纚據男子去冠仍有笄元闕與婦人之笄並有安髮之笄也爵弁皮弁及六冕之笄皆是固冠冕之笄是其二也

燭出昏禮畢將臥息

媵餕主人之餘御餕婦餘贊酌外尊酳之外尊房戶外之東尊　疏　媵餕至酳之○釋曰亦陰陽交接之義云酌外尊者賤不敢與主人同酌内尊也

媵侍。于戶外呼則聞爲尊者有所徵求今文侍作待。　疏　媵待至則聞○釋曰不使御待于戶外供承夫婦者以女爲主故使媵待于戶外也

夙興婦沐浴纚笄宵衣以俟見夙早也昏明日之晨

興起也。俟，待也。待見於舅姑寢門之外。古者命士以上，年十五，父子異宮。【疏】夙興至俟見○釋曰：自此至授人，論婦見舅姑之事。云纚笄宵衣者，此則特牲士婦宵衣也。不著純衣纁袡者，彼嫁時之盛服，今已成昏之後，不可使服，故退從此服也。○注夙早至異宮○釋曰：言昏明日之晨者，以昨日昏時成禮，此經言夙興，故知是昏之晨旦也。云興起也、俟待也、待見於舅姑寢門之外者，因訓即解之也。云古者命士以上年十五父子異宮者，案內則云由命士以上父子異宮，不云年限，今鄭知十五爲限者，以其十五成童，是以鄭注喪服亦云子幼謂年十五以下，則不隨母嫁，故知十五以後乃異宮也。鄭言此限者，欲見不命之士父子同宮，雖俟見，不得言舅姑寢門外也。

質明，贊見婦于舅姑。席于阼，舅即席。席于房外，南面，姑即席。

質，平也。房外，房戶外之西。古文舅皆作咎。【疏】質明至即席○注質平至作咎○釋曰：此經論設舅姑席位所在。鄭知房外是房戶外之西者，以其舅在阼，阼當房戶之東，若姑在房戶之東，即當舅之北，南面向之不便。又見下記云父醴女而俟迎者，母南面於戶外，女出於母左，以母在房戶西，故得女出於母左，是以知此房外亦房戶外之西也。

婦

執笲棗栗自門入升自西階進拜奠于席笲竹器而衣者其形蓋如今之筥𥫱蘆矣進拜者進東面乃拜奠之者舅尊不敢授也

疏「婦執」至「于席」○釋曰此經論婦從舅寢門外入見舅之事也必見舅用棗栗見姑以腶脩者案春秋莊二十四年經書秋八月丁丑夫人姜氏入戊寅大夫宗婦覿用幣公羊傳云宗婦者何大夫之妻也覿者何見也用者何用者不宜用也見用幣非禮也然則曷用棗栗云乎腶脩云乎注云腶脩者脯也禮婦人見舅以棗栗爲贄見姑以腶脩爲贄見夫人至尊兼而用之云乎辭也棗栗取其早自謹敬腶脩取其斷斷自脩正是用棗栗腶脩之義也案雜記云婦見舅姑兄弟姑姊妹皆立于堂下西面北上是見已注云婦來爲供養也其見主於尊者兄弟以下在位是爲已見不復特見又云見諸父各就其寢注云旁尊也亦爲見時不來今此不言者文略也○注笲竹至授也○釋曰知笲竹器者以字從竹故知竹器知有衣者下記云笲緇被纁裏加于橋注云被表也笲有衣者婦見舅姑以飾爲敬是有衣也云如今之筥𥫱蘆矣者此舉漢法以況義但漢法去今以遠其狀無以可知也云進拜者進東面乃拜者謂從西階進至舅前而拜云奠之者舅尊不敢授也者案下姑奠于

席不授而云舅尊不敢授者但舅直撫之而已至姑則親舉之親舉者若親授之然故於舅得云尊不敢授也**舅坐撫之興荅拜婦還又拜**還又拜者還於先拜處拜婦人與丈夫爲禮則俠拜

疏舅坐至又拜◯注還又至俠拜◯釋曰云先拜處者謂前東面拜處也云婦人與丈夫爲禮則俠拜者謂若士冠冠者見母母拜受子拜送母又拜母於子尚俠拜則不徒此婦於舅而已故廣言婦人與丈夫爲禮則俠拜

降階受笲腶脩升進北面拜奠于席姑坐舉以興拜授人人有司姑執笲以起荅婦拜授有司徹之舅則宰徹之

疏降階至授人◯釋曰此經論婦見姑之事◯注人有至徹之◯釋曰云人有司者凡行事者皆主人有司也知舅則使宰徹者此見下記云舅荅拜宰徹是也

贊醴婦醴當爲禮贊禮婦者以其婦道新成親厚之

疏贊醴婦◯注醴當至厚之◯釋曰自此至於門外論舅姑堂上禮婦之事云醴當爲禮若士冠內則昏義諸文醴皆破從禮者案司儀注上於下曰禮敵者曰儐又案大行人云王禮再祼而酢之等用鬱鬯不言王鬯再祼而酢而言禮則此諸文雖用醴禮賓不得即言

主人醴賓故皆從上於下曰禮解之席于戶牖閒室戶西牖東南面位疏席于戶牖閒○注室戶至面位○釋曰知義然者以其賓客位於此是以禮子禮婦禮賓客皆於此尊之故也側尊甒醴于房中婦疑立于席西疑正立自定之貌疏側尊至席西○注疑正立自定之貌○釋曰云婦疑立于席西者以其禮未至而無事故疑然自定而立以待事也若行之閒而立則云立不得云疑立也贊者酌醴加柶面枋出房席前北面婦東面拜受贊西階上北面拜送婦又拜薦脯醢婦東面拜贊北面荅之變于丈夫始冠成人之禮疏贊者至脯醢○釋曰云面枋出房者以其贊授故面枋冠禮贊酌醴將授賓則面葉賓受醴將授子乃面枋也此婦又拜幷下經婦又拜者皆俠拜也○注婦東至之禮○釋曰云婦東面拜贊北面荅之變於丈夫始冠成人之禮者案冠禮禮子與此禮婦俱在賓位彼禮子南面受醴此則東面不同故決之彼南面者以向賓拜此東面者以舅姑在東亦面拜之也婦升席左執

觶右祭脯醢以柶祭醴三降席東面坐啐醴建柶興拜贊答拜婦又拜奠于薦東北面坐取脯降出授人于門外奠于薦東升席奠之取脯降出授人親徹且榮得禮人謂婦氏人

【疏】婦升至門外○注奠于至氏人○釋曰鄭知奠者升席奠之者見上冠禮禮子禮賓皆云即筵奠于薦東降筵北面坐取脯明此奠時升席南面奠乃降北面取脯降出授人云親徹且榮得禮者言且兼二事何者下饗婦之俎不親徹○又自出門授人是且榮得禮下饗不親徹俎者於禮時禮訖故於後畧之知人是婦氏人者以其在門外婦往授之明是婦氏之人也

舅姑入于室婦盥饋饋者婦道既成成以孝養特豚合升側載無魚腊無稷並南上其他如取女禮側載者右胖載之舅俎左胖載之姑俎異尊卑並南上者舅姑共席于奧其饌各以南爲上其他謂醬湆菹醢女謂婦也如取婦禮同牢時今文並當作併

【疏】舅姑至女禮○釋曰自此至之錯論婦饋舅姑成孝養之

事云其他如取女禮者則自側載以下南上以上與取女異異者彼則有魚腊并稷此則無魚腊與稷彼男東面女西面別席其醬醢菹夫則南上婦則北上今此舅姑共席東面俎及豆等皆南上是其異也○注側載至作併○釋曰豚載皆合升若成牲載一胖是常○得云側此乃載胖故云側但周人尚右故知右胖載之舅俎左胖載之姑俎是以鄭云異尊卑也云並南上者舅姑共席于奧其饌各以南爲上者決同牢男女東西相對各上其右也云其他謂醬湆菹醢者以同牢時夫婦各有此四者今以饋舅姑亦各有此四物故云如同牢時也雖不言酒旣有饋明有酒在其他中酒在內者亦在北牖下外尊亦當在房戶外之東鄭不云者畧耳

婦贊成祭卒食一酳無從　贊成祭者授處之今文無成也　疏　婦贊至無從○注贊成祭者授處之○釋曰贊成祭者謂授之又處置今如在於豆間也

席于北墉下　墉牆也室中北牆下　疏　席于北墉下○釋曰此席將爲婦餕之位處也

婦徹設席前如初西上婦餕舅辭易醬　婦餕者即席將餕也辭易醬者嫌淬汙　疏　婦徹至易醬○釋曰婦徹設于席前如初西上者此直餕餘舅辭易

醬者舅尊故也不餕舅餘者以舅尊嫌相褻言西上者亦以右爲上也○注婦餕至淬汁○釋曰言將者事未至以其此始言婦餕之意至下文婦餕姑之饌乃始餕耳云辭易醬者婦嫌淬汁者以其醬乃以指咂之淬汁也

婦餕姑之饌御贊祭豆黍肺舉肺脊乃食卒姑酳之婦拜受姑拜送坐祭卒爵姑受奠之奠之奠于篚

疏 婦餕至奠之○注奠之奠于篚○釋曰云御贊祭豆黍肺舉肺脊者御贊婦祭之也鄭知奠之於篚者此云如取女禮取女有篚明此亦奠之于篚可知也

婦徹于房中媵御餕姑酳之雖無娣媵先於是與始飯之錯古者嫁女必姪娣從謂之媵姪兄之子娣女弟也娣尊姪卑若或無娣猶先媵容之也始飯謂舅姑錯者媵餕舅餘御餕姑餘也古文始爲姑

疏 婦徹至之錯○注古者至爲姑○釋曰云古者嫁女必姪娣從謂之媵者媵有二種若諸侯有二媵外別有姪娣是以莊公十九年經書秋公子結媵陳人之婦于鄄公羊傳曰媵者何諸侯娶一國則二國往媵之以姪娣從姪者何兄之子也

娣者何弟也諸侯夫人自有姪娣并二媵各有姪娣則九女是媵與姪娣別也若大夫士無二媵即以姪娣爲媵鄭云古者嫁女必姪娣從謂之媵是據大夫士言也云姪兄之子娣女弟也娣尊姪卑者解經云雖無娣媵先之義以其若有娣乃先媵即姪也云猶先媵容之也者對御是夫之從者爲後若然姪與娣俱名媵今言雖無娣媵先似娣不名媵者但姪娣俱是媵今去娣娣外唯有姪姪言媵先以對御爲先非對娣也稱媵以其姪娣俱是媵也云始飯謂舅姑者舅姑始飯如今媵餕舅餘御餕姑姑餘是交錯之義若媵御沃盥交也舅姑爲飯始不爲餕始俗本云與始餕之錯者誤也

舅姑共饗婦以一獻之禮舅洗于南洗姑洗于北洗奠酬以酒食勞人曰饗南洗在庭北洗在北堂設兩洗者獻酬酢以絜清爲敬奠酬者明正禮成不復舉凡酬酒皆奠於薦左不舉其燕則更使人舉爵

疏舅姑至奠酬○注以酒至舉爵○釋曰自此至歸俎于婦氏人論饗婦之事此饗與上盥饋同日爲之知者見昏義曰舅姑入室婦以特豚饋明婦順也厥明舅姑共饗婦鄭彼注云昏禮不言厥明此言之者容大夫以上禮多或異日故知此士同日可也此與上事相因亦於舅姑寢堂之上與

禮婦同在客位也云共饗婦以一獻之禮者案下記云饗婦姑薦焉注云舅姑共饗婦舅獻姑薦脯醢但薦脯醢無盥洗之事今設此洗爲婦人不下堂也云姑洗於北洗洗者洗爵則是舅獻姑酬共成一獻仍無妨姑薦脯醢也云凡酬酒皆奠於薦左不舉者此經直云奠酬不言處所故云凡通鄉飲酒鄉射燕禮之等云燕則更使人舉爵者案燕禮獻酬訖別有人舉旅行酬是也饗亦用醴酒知者以下記云庶婦使人醮之注云使人醮之不饗也酒不酬酢曰醮亦有脯醢適婦酌之以醴尊之庶婦酌之以酒卑之是也若然知記非醴婦者以記云庶婦使人醮之明適婦親之案上醴婦雖適使贊者親明記醮庶婦使人當饗節也

舅姑先降自西階婦降自阼階授之室使爲主明代已疏舅姑自阼階○注授之至代已○釋曰案曲禮云子事父母升降不由阼階。是主人尊者。之處今舅姑降自西階婦降自阼階是授婦以室之事也云授之室昏義文也

歸婦俎于婦氏人言俎則饗禮有牲矣婦氏人丈夫送婦者使有司歸以婦俎當以反命於女之父母明其得禮疏歸婦俎于婦氏人○注言俎至得禮○釋曰案雜記云大饗卷三牲之俎歸于賓館是賓所當得也饗時設几而不倚爵

盈而不飲，肴乾而不食，故歸俎。此饗婦，婦亦不食，故歸。也。經雖不言牲，既言俎，俎所以盛肉，故知有牲。此婦氏人即上婦所授脯者也，故上注引此婦氏人證所授人爲一也。

舅饗送者以一獻之禮，酬以束錦。送者，女家有司也。爵至酬賓，又從之以束錦，所以相厚。古文錦皆爲帛。

疏 舅饗至束錦○注送者至作帛○釋曰：此一獻與饗婦一獻同，禮則異，彼兼有姑，此依常饗賓客法。知送者是女家有司者，故左氏傳云：齊侯送姜氏，非禮也。凡公女嫁于敵國，姊妹則上卿送之，以禮於先君；公子則下卿送之；於大國，雖公子亦上卿送之；於天子則諸卿皆行，公不自送；於小國則上大夫送之。以此而言，則尊無送卑之法，則大夫亦遣臣送之，士無臣，故知有司送之也。云古文錦皆爲帛者，此及下文錦皆爲帛，故不從古文者，禮有玉錦，非獨此文，則禮有贈錦之事，故不從古文也。

姑饗婦人送者，酬以束錦。婦人送者，隷子弟之妻妾。凡饗，速之。

疏 姑饗至束錦○注婦人至速之○釋曰：左氏傳云士有隷子弟，士卑無臣，自以其子弟爲僕隷，幷己之子弟之妻妾也。但尊無送卑，故知婦人送者是隷子弟之妻妾也。云凡饗速之者，案聘禮饗食速賓，則知此舅姑饗送者亦速之也。

凡速者皆就館召之是以下云若異邦則贈丈夫送者以束錦鄭云就賓館則賓自有館若然婦人送者亦當有館男子則主人親速其婦送者不親速以其婦人迎客不出門當別遣人速之

若異邦則贈丈夫送者以束錦贈送也就賓館

疏若異至束錦○注贈送也就賓館○釋曰案莊二十七年冬莒慶來逆叔姬公羊傳曰大夫越竟逆女非禮也鄭注喪服亦云古者大夫不外娶今言異邦得外娶者以大夫尊外娶則外交故不許士卑不嫌容有外娶法故有異邦送客也鄭知就館者贈賄之等皆就館故知此亦就館也

儀禮疏卷第五

大清嘉慶二十年[illegible]
用文選樓藏本校

南昌盧氏宣旬校字

江西督糧道王賡言廣豐縣知縣阿應鱗栞

儀禮注疏卷五挍勘記

阮元撰盧宣旬摘録

女次純衣纁袡

則此亦元矣　徐本集釋同毛本通解此下有衣字與疏合

子男夫人自闕而下　毛本闕下有翟字

故見絲體也　見陳閩俱作是

姆纚笄

纚縚髮　陸氏云縚本又作弢聶氏髮下有纚也二字

須有傳命者之義也　毛本義作事陳本誤作美

淫辟出無子出不事舅姑出惡疾出多舌出盜竊出　毛本作淫出姑出無子出惡疾出多言出竊盜出非也

喪婦長女不娶　毛本婦作父

棄于天也　陳閩同毛本天作夭非也

亂家不娶　毛本不上有女字

故無子出能以婦道教人者以爲姆　聶氏無上有取字出上有而字出下有故不復嫁三字者下有留字

旣教女　旣下聶氏有使字

姆所異于女者　聶氏要義同毛本所下有以字

舉漢爲況義也　舉陳閩俱作法非也

女從者

詩云諸娣從之　徐本集釋同毛本通解無云字

引之證姪之義也　毛本姪上有娣字

則大夫以下刺之　浦鏜云上誤下

中衣有黼領服則無之　陳本要義同毛本領下有上字閩本上服二字擠入

則常服有之非假也　要義同毛本假作被

主人揖入

父迎出大門之事也　浦鏜云父迎當婿從之誤

今婦既送　陳本要義同毛本送作從是也

婦乘以几姆加景　景通典作幜非也古無幜字

行車輪三周　集釋無車字

今文景作憬　浦鏜云憬釋文同疑幜字之誤○按从心者是从巾者後人改也

直云制如明衣　浦鏜云直上當脫不字○按此句當連下此嫁時尚飾不用布讀之明衣必用布景則但制如明衣耳不用布也浦說非

婦至○媵布席于奥　張氏云案釋文云媵席中無布字

宛然左辟　毛本然誤作若

謂女從者也　要義同毛本也下有者字按者當有

贊者徹尊冪○出除鼏　鼏通解敖氏俱作冪浦鏜云衛氏湜云鼏當作冪今作鼏字後人更易也○按此冪乃鼎冪也

謂肩臂臑肫胳脊脅之等　要義同毛本謂作爲臑作臑

匕者逆退　匕釋文作朼引劉云匕器名朼者朼載也張氏云陸氏詳論之所以辨時本之誤也其後士喪禮乃朼載又云匕者士虞禮朼者特牲饋食乃朼有司朼羊朼豕魚字皆从木至少牢饋食長朼古文作匕鄭氏亦改爲朼

菹醢在其南

醢食乃將入 醢要義作臨

又生人食公食大夫是也 毛本生誤作主

贊爾黍授肺脊

故此昏禮從特牲餟法 要義同毛本無法字

彼九飯禮成 浦鏜云盛誤成

謂啜湆肺咂醬者 毛本謂下有用口二字湆下有用指二字無肺字○按肺衍字

贊洗爵

漱所以潔口 潔徐本集釋俱作絜按凡潔字嚴徐鍾本並作絜是正字他本錯出後不悉按

籑皆荅拜 按籑餕後經皆作籑籑字五經文字不載至九經字樣始有之籑則說文之籑也从食算聲

論語先生饌饌鄭作餕蓋饌卽籑之或字籑又與餕通故鄭氏讀饌爲餕也然則儀禮籑字皆當作籑明矣幸有此句未誤猶得據以考正

贊以肝從○嚌肝　張氏云案釋文云嚌才計反嚌嚌古通用此從口者後人加之爾○按毛本釋文仍作嚌

贊洗爵酌于戶外尊　戴震云據前尊于室中北墉下是爲內尊尊于房戶之東是爲外尊注止偁內尊外尊此處疏云乃酌外尊亦無戶字

既隔合卺乃用爵　毛本既下無隔字

乃徹于房中　乃徹釋文作迺撤

主人說服于房○婦說服于室御授　授唐石經徐本集釋通解楊敖俱作受

御衽于奧

將見良人之所之　見徐本集釋敖氏俱作見與疏合釋文作覵云今本亦作見臧琳云賈本作將

見故後人校釋文云今本亦作見乃注疏本反作覵此又近人依釋文改也祭義見以蕭光見間以俠甒見及見間皆爲覵字之誤儀禮注當從釋文作覸賈疏作見非也

吾將瞯良人之所之 瞯毛本作覵下同

主人入

鄭據此諸侯文而言 陳本要義俱誤作諸侯毛本諸侯作許嫁是也

媵侍于戶外 標經起止云媵侍至則閒疏中兩侍字亦俱作待按此則注當云今文待作侍

婦執笲棗栗

其形蓋如今之筥䈞籚矣 徐本釋文集釋敖氏嚴鍾通解同毛本䈞作筊按說文凵盧飯器凵或从竹去聲

今以遠 毛本以作巳按以巳古多通用

其狀無以可知也要義同毛本無以可作已無可陳閩俱作無已可

降階受笲腶脩腶唐石經作腶釋文作段段玉裁云本又作腶瞿中溶云石本原作段朱梁重刻譌作腶陸本作段正與石本原刻同

若行之間而立毛本行下有禮字

婦升席

不親徹毛本徹下有此親徹三字

特豚合升

其他謂醬湆菹醢毛本謂誤作爲

是常得云側常下浦鏜云疑脫法不二字

婦徹設席前如初

嫌渽汙　陸氏云渽本或作染

婦嫌渽汙者　案注無婦字此誤衍也

婦徹于房中

容之也　要義徐本楊氏同毛本容作客疏内容之也者容亦作客

娣者何弟也　要義同毛本何下有女字

舅姑先降自西階

注授之至代已　陳閩同毛本授作受

是主人尊者之處　要義同毛本是上有作階二字之上有升降二字

歸婦俎于婦氏人

明其得禮　通解作明得其禮要義作明所得禮按疏云三牲是賓所當得則作所字爲是鄉射注云遷設

薦俎就之明己所得禮也亦是此意

故歸也要義同毛本歸下有之字

舅饗送者以一獻之禮

古文錦皆爲帛徐本集釋敖氏同通解毛本爲作作按疏中標目是作字賈注是爲字必有一誤

姑饗婦人送者

皆就館召之陳本要義同毛本召作速

儀禮注疏卷五按勘記終

奉新余成教校

儀禮疏卷第六

唐朝散大夫行大學博士弘文館學士臣賈公彥等撰

若舅姑既沒則婦人三月乃奠菜沒終也奠菜者以篚祭菜也蓋用菫疏若舅至奠菜○釋曰自此至饗禮論舅姑沒三月廟見之事必三月者三月一時天氣變婦道可以成之故也此言舅姑既沒者若舅沒姑存則當時見姑三月亦廟見舅若舅存姑沒婦人無廟可見或更有繼姑自然如常禮也案曾子問云三月而廟見稱來婦也擇日而祭於禰成婦之義也鄭云謂舅姑沒者也必祭成婦義者婦有供養之禮猶舅姑存時盥饋特豚於室此言奠菜即彼祭於禰一也奠菜亦得稱祭者若學記云皮弁祭菜之類也○注沒終至用菫○釋曰此注云奠菜者以篚祭菜下云婦執笲菜篚即笲一也鄭知菜蓋用菫者舅姑存時用棗栗腶脩義取早起肅栗治腶自脩則此亦取謹敬因內則有菫荁枌榆供養是以疑用菫故云蓋也

席于廟奧東面右几席于北方南面廟考妣之廟北方墉下疏注廟考至墉下○釋

曰案周禮司几筵云每敦一几鄭注云周禮雖合葬及時同在殯皆異几體實不同祭於廟同几精氣合又祭統云設同几同几即同席此即祭於廟中而別席者此既廟見若生時見舅姑舅姑別席異面是以今亦異席別面象生不與常祭同也鄭知廟考妣廟者曾子問云擇日而見於禰又象生時見舅姑故知考妣廟也

祝盥婦盥于門外婦執笲菜祝帥婦以入祝告稱婦之姓曰某氏來婦敢奠嘉菜于皇舅某子

帥道也入入室也某氏者齊女則曰姜氏魯女則曰姬氏來婦言來爲婦嘉美也皇君也

〔疏〕釋曰洗在門外祝與婦就而盥之者此亦異於常祭象生見舅姑在外沐浴乃入舅姑之寢故洗在門外也云祝帥婦以入者象特牲陰厭祝先主人入室也云某子者言若張子李子也

婦拜扱地坐奠菜于几東席上還又拜如初

扱地手至地也婦人扱地猶男子稽首

〔疏〕注扱地至稽首〇釋曰云扱地手至地者以手之至地謂之扱地則首不至手又與男子容首不同云婦人扱地猶男子稽首者婦人肅拜爲正今云扱地則

婦人之重拜也猶男子之稽首亦拜中之重故以相況也案周禮大祝辨九拜一曰稽首二曰頓首三曰空首四曰振動五曰吉拜六曰凶拜七曰奇拜八曰褒拜九曰肅拜鄭云稽首拜頭至地也頓首拜頭叩地也空首拜頭至手所謂拜手也吉拜拜而後稽顙謂齊衰不杖以下者言吉者此殷之凶拜周以其與頓首相近故謂之吉拜云凶拜稽顙而後拜謂三年服者振動謂戰栗變動之拜鄭大夫云奇拜謂一拜也褒讀爲報報拜再拜是也鄭玄謂一拜荅臣下拜再拜拜神與尸鄭司農云肅拜但俯下手今時撎是也但九拜之中四者是正拜即稽首頓首空首肅拜是也稽首拜中之重是臣拜君之拜也頓首平敵相與之拜故左氏傳齊侯拜魯侯爲稽首魯君荅以頓首齊於魯責稽首荅曰天子在無所稽首是臣於君以稽首故燕禮臣與君皆云稽首也空首者君荅臣下拜也肅拜者婦人以肅拜爲正若以男子於軍中亦肅拜故左氏傳晉郤至云敢肅使者是也餘五者皆依於正拜振拜鄭云書曰王動色變者是武王觀兵白魚入王舟王動色變武王於時拜天神爲此拜當稽首也奇拜既爲一拜是君荅臣下之拜當以附空首也褒拜爲尸及神亦當附稽首也其吉拜先吉拜爲頓首後稽顙則吉拜當附頓首也凶拜爲先稽顙後吉拜之此周之三年之喪拜後爲吉拜當附稽

首也左氏傳穆嬴抱太子適趙氏頓首於宣子者私求法故不爲肅拜喪小記云婦人爲夫與長子稽顙者爲重喪故亦不肅拜也

婦降堂取笄菜入祝曰某氏來婦敢告于皇姑某氏奠菜于席如初禮降堂階上也室事交乎戶今降堂者敬也於姑言敢告舅尊於姑

疏婦降至初禮○釋曰此爲來婦奠於姑設於北坐之前以見姑也○注降堂至於姑○釋曰不直云降而云降堂者則在階上故云降堂階上也云室事交乎戶今降堂者敬也者室事交乎戶禮器文彼子路與季氏之祭云室事交乎戶堂事交乎階今此既是室之事當交於戶今乃交於階故言敬也云於姑言敢告舅尊於姑者上文於舅言敢奠嘉菜不言告是舅尊於姑言告是姑卑也

婦出祝闔牖戶凡廟無事則閉之

疏注凡廟無事則閉之○釋曰先言牖後言戶者先闔牖後閉戶故爲文然也以其祭訖則闔牖戶明是無事則閉之以其鬼神尚幽闇故也

老醴婦于房中南面如舅姑醴婦之禮因於廟見禮之

疏釋曰舅姑生時見訖舅姑使贊醴婦於寢之戶牖之間今

舅姑沒者使老醴婦於廟之房中其禮則同使老及處所則別也○注因於廟見禮之○釋曰象舅姑生時因見禮之故此亦因廟見禮之也壻饗婦送者丈夫婦人如舅姑饗禮疏釋曰舅姑存舅姑自饗送者如上文今舅姑沒故壻兼饗丈夫婦人如舅姑饗禮并有贈錦之等

記士昏禮凡行事必用昏昕受諸禰廟辭無不腆無辱用昕使者用昏壻也腆善也賓不稱幣不善主人不謝來辱疏記士昏至無辱○釋曰凡言記者皆經不備者也○注用昕至來辱○釋曰云用昕使者謂男氏使向女家納采問名納吉納徵請期五者皆用昕昕即明之始君子舉事尚早故用朝旦也云用昏壻也者謂親迎時也知辭無不腆者郊特牲云告之以直信信事人也信婦德也注云此二者所以教婦正直信也是賓納徵之時不得謙虛爲辭也云主人不謝來辱者此亦是不爲謙虛教女正直之義也摯不用死皮帛必可制摯鴈也皮帛儷皮束帛也疏釋曰云摯不用死者凡摯亦有用死者是以尚書云缺堯卷首止此云三帛二牲一死摯即士摯雉今此亦是士禮恐用死鴈故云不用死

也云皮帛必可制者可制爲衣物此亦是教婦以誠信之義也

腊必用鮮魚用鮒必殽。全殽全者不餒敗不剝傷

疏○腊必至殽全○注殽全至剝傷○釋曰腊用鮮者義取夫婦日新之義云魚用鮒者義取夫婦相依附者也云殽必全者義取夫婦全節無虧之理此並據同牢時也

女子許嫁笄而醴之稱字許嫁已受納徵禮也笄女之禮猶冠男也使主婦女賓執其禮

疏女子至稱字○釋曰女子許嫁謂年十五已上至十九已下案曲禮女子許嫁纓有笄兼有纓示有繫屬此不言纓文不具也云醴之稱字者猶男子冠醴之稱字同是以禮記喪服小記云丈夫冠而不爲殤婦人笄而不爲殤是其義同也○注許嫁至其禮○釋曰知許嫁已受納徵禮也者以納采問名納吉三禮雖使者往來未成交親故曲禮云非受幣不交不親鄭據納徵唯未行請期親迎也二者要待女二十爲之云笄女之禮猶冠男也使主婦女賓執其禮者案雜記云女雖未許嫁年二十而笄禮之婦人執其禮鄭注云言婦人執其禮明非許嫁之笄彼以非許嫁笄輕故無主婦女賓使婦人而已明許嫁笄當使主婦對女賓執其禮其儀如冠男也又許嫁者用醴禮之不許嫁者當用酒醮之故其

早得禮也**祖廟未毀教于公宮三月若祖廟已毀則教于宗室**祖廟女高祖爲君者之廟也以有緦麻之親就尊者之宮教以婦德婦言婦容婦功宗室大宗之家

疏祖廟至宗室○注祖廟至之家○釋曰此謂諸侯同族之女將嫁之前教成之法經直云祖廟鄭知女高祖爲君者之廟也以有緦麻之親者以其諸侯立五廟大祖之廟不毀親廟四以次毀之經云未毀與已毀是據高祖之廟而言故云祖廟女高祖爲君者之廟也其承高祖是四世緦麻之親若三世共曾祖曾祖小功之親若共祖大功之親若共禰廟是齊衰之親則皆教於公宮今直言緦麻者舉最疏而言親者自然教於公宮可知也云教以婦德婦言婦容婦功者昏義文鄭彼注云婦德貞順也婦言辭令也婦容婉娩也婦功絲麻也云宗室大宗之家者案喪服小記繼別爲宗謂別子之世適長子族人來宗事之者謂之宗者收族者也高祖之廟既毀與君絕服者則皆於大宗之家教之以小宗有四或繼禰或繼祖或繼曾祖或繼高祖此等至五代皆遷不就之教者小宗卑故也

問名主人受鴈還西面對賓受命乃降受鴈于兩楹間南面還于阼階上對

賓以女名（疏）問名至乃降○注受鴈至女名○釋曰此亦記經不具者案經直云問名如納采之禮納采禮中無主人西面對賓故記之也知受鴈於兩楹間南面者納采時賓當阿東面致命主人阼階上北面再拜又云授于楹間南面問名如納采之禮故亦楹間南面授鴈於彼唯不云西面故記之也云還于阼階上對賓以女名者此即西面對與拜時北面異處也

祭醴始扱壹祭又扱再祭。賓右取脯左奉之乃歸執以反命反命謂使者問名納吉納徵請期還報於壻父（疏）祭醴至反命○釋曰云祭醴者謂贊醴婦之時禮成於三其爲三祭之時始祭醴云初故始扱壹祭後祭醴又扱爲再祭也云賓右取脯左奉之乃歸者經直云降筵北面坐取脯不言用左右手故記之也云右取脯左奉之者謂先用右手取得脯乃用左手兼奉奉之以降授從者於西階下乃歸執以反命○注反命至壻父○釋曰知反命是此問名納吉納徵請期者以下云凡使者歸反命曰某既得將事矣敢以禮告言凡非一則知四者皆有反命也以納采與問名同使親迎又無使者故據此四者而言也

納徵執皮攝之內文兼執足左首

隨入西上參分庭一在南

攝猶辟也兼執足者左手執前兩足右手執後兩足左首象生曲禮曰執禽者左首隨入為門中阨狹西上中庭位併

【疏】納徵至在南○釋曰案經直云納徵玄纁束帛儷皮如納吉禮則授幣得如授鴈之禮至於庭實之皮無可相如故記之○注攝猶至位併○釋曰執皮者相隨而入至庭北面皆以西為左一手執兩足毛在內故云內文云左首象生者案聘禮執皮者皆左首此亦執皮而左首故云象生與執禽者同故引曲禮執禽者左首為證必象生者取婦人生息之義云隨入為門中阨狹者皮皆橫執之案匠人云廟門容大扃七个注云大扃牛鼎之扃長三尺每扃為一个七个二丈一尺彼天子廟門此士之廟門降殺甚小故云門中阨狹故隨入得並也云西上中庭位併者俱北面西上也

賓致命釋外足見文主人受幣士受皮者自東出于後自左受遂坐攝皮逆退適東壁

賓致命主人受幣庭實所用為節士謂若中士下士不命者以主人為官長自由也

【疏】賓致至東壁○釋曰此亦為經不見主人之士受皮之事故記之也云釋外足者據

人北面以足向上執之足遠身爲外受之則文見故釋外足見文也云士受皮者取皮自東方出于後者謂自東方出於執皮者之後至於左北面受之故云自左受也云逆退者二人相隨自東而西今以後者先向東行故云逆退也○注賓致至由也○釋曰云賓致命主人受幣庭實所用爲節者以其上經納徵授幣如納吉之禮其目已具今言之者爲執皮者釋外足見文及士受皮時節不見故云賓堂上致命時庭中執皮者釋外足見文主人堂上受幣時主人之士於堂下受取皮是其庭實所用爲節也云士謂若中士下士不命者但諸侯之士國皆二十七人依周禮典命侯伯之士一命子男之士不命命與不命國皆分爲三等上九中九下九案周禮三百六十官皆有官長其下皆有屬官但天子之士上士三命中士再命下士一命與諸侯之士異若諸侯上中下士同命今言士謂若中士下士不命者據上士爲官長者若主人是中士則士是下士若主人是下士則士是不命之士府史之等此不命與子男之士不命者别彼雖不得君簡策之命仍得人君口命爲士此則不得君命是官長自辟除者也案既夕宰舉幣是士之府史則庭實胥徒爲之云自由也者謂由執皮者之左受之也

父醴女而俟迎者母南面于房外

女既次純衣父醴之于房中南面蓋母薦焉重昬禮也女奠爵于薦東立于位而俟壻壻至父出使擯者請事母出南面房外示親授壻且當戒女也 疏 父醴至房外○注女既至文也○釋曰此亦前經不具故記之云女既次純衣父醴之于房中南面者見於上文云蓋母薦焉者舅姑共饗婦姑薦脯醢故知父母醴女亦母薦脯醢重昬禮故母薦也云女奠爵于薦東立于位而俟壻者案士冠禮子與醮子及此篇禮賓禮婦皆奠爵于薦東明此亦奠薦東也云壻至父出使擯者請事者見于上文云母出南面房外示親授壻且當戒女也者並參下文而言也

女出于母左父西面戒之必有正焉若衣若笄母戒諸西階上不降 必有正焉者以託戒使不忘 疏 女出至不降○釋曰此記亦經不具以母出房戶之西南面女出房西行故云出于母左父在阼階上西面故因而戒之云母戒諸西階上者母初立房西女出房母行至西階上乃戒之也○注必有至不忘○釋曰云託戒使不忘者謂託衣笄恒在身而不忘持戒亦然故戒使不忘也下文父母及庶母重行戒者並與此文相續成也此士禮父母不降送案桓公三年經書九月齊侯送姜氏于讙榖梁

傳曰禮送女父不下堂母不出祭門祭門則廟門言不出廟門則似得下堂者彼諸侯禮與此異以其大夫諸侯天子各有昏禮故不同也

婦乘以几從者二人坐持几相對持几者重慎之

【疏】婦乘以几○注持几者重慎之○釋曰上經雖云婦乘以几几不見從者二人持之故記之也此几謂將上車時而登若王后則履石大夫諸侯亦應有物履之但無文以言今人猶用臺是石几之類也

婦入寢門贊者徹尊冪酌玄酒三屬于尊棄餘水于堂下階閒加勺屬注也玄酒涚水貴新昏禮又貴新故事至乃取之三注于尊中

【疏】婦入至加勺○釋曰經中唯置酒尊不見徹冪以下事故記之○注屬注至尊中○釋曰經云酌玄酒三注於尊謂於外器中酌取此涚水三度注於玄酒尊中禮成於三故三注之也云玄酒涚水貴新者案郊特牲云明水涚齊貴新也又云凡涚新之也是禮有貴新也今昏禮事至乃取之故云貴新也若然禮有玄酒涚水明水三者各逐事物生名玄酒據色而言涚水據新取爲號其實一也以上古無酒用水爲酒後代雖有酒用之配尊不忘本故也明水者案周禮秋官司烜

氏云以陰鑒取明水於月郊特牲云其謂之明水也由主人之絜著此水也注云著猶成也言主人齊絜此水乃成可得也配尊之酒三酒加玄酒鬱鬯與五齊皆用明水配之郊特牲云五齊加明水三酒加玄酒不言鬱鬯者記人文略也相對玄酒與明水别通而言之明水亦名玄酒故禮運云玄酒在室彼配鬱鬯五齊是明水名爲玄酒也以其俱是水故通言水也若天子諸侯祭祀得鬱鬯與五齊三酒並用卿大夫士祭直用三酒與玄酒無五齊與鬱鬯又明水若生人相禮不忘本亦得用以其用醴醴則五齊之中醴齊之類也

笄縕被纁裏加于橋舅答拜宰徹笄被表也笄有衣者婦見舅姑以飾爲敬橋所以庪笄其制未聞今文橋爲鎬

疏 笄縕至徹笄○釋曰上經雖云笄不言表裏加飾之事故記之也

婦席薦饌于房醴婦饗婦之席薦也

疏 婦席薦饌于房○注醴婦至薦也○釋曰此亦於經不見故記之但醴婦時唯席與薦無俎其饗婦非直有席薦并有俎俎則不饌于房從鼎升于俎人設于席前今據醴婦時同有席與薦饌于房中者而言也

饗婦姑薦焉舅姑共饗婦舅獻爵姑薦脯醢

疏 饗婦姑薦焉○釋曰經直言舅姑共饗婦以一

獻之禮時同自明不言姑薦故記之也婦洗在北堂直室東隅篚在東北面盥洗在北堂所謂北洗北堂房中半以北洗南北直室東隅東西直房戶與隅閒疏婦洗至面盥○釋曰經唯言北洗不言洗處及篚故記之也○注洗在至隅閒○釋曰房與室相連爲之房無北壁故得北堂之名故云洗在北堂也云所謂北洗者所謂經中北洗也云北堂房。半以北者以其南堂是戶外半以南得堂名則堂是戶外之稱則知此房半以北得堂名也知房無北戶者見上文云尊于房戶之東房有南戶矣燕禮大射皆云羞膳者升自北階立于房中不言入房是無北壁而無戶是以得設洗直室東隅也云洗南北直室東隅者是南北節也云東西直房戶與隅閒者是東西節也婦酢舅更爵自薦更爵男女不相因也疏婦酢舅更爵自薦○釋曰謂舅姑饗婦婦獻時舅姑薦今婦酢舅婦自薦之嫌別人薦故記之也不敢辭洗舅降則辟于房不敢拜洗不敢與尊者爲禮疏不敢至拜洗○釋曰此事當在婦酢舅之上退之在下者欲見酬酒洗時亦不辭故也此對士冠鄉飲酒之等主與賓爲禮皆辭洗

此則不敢也此事於經不見故記之也

凡婦人相饗無降姑饗婦人送者于房無降者以北洗篚在上

【疏】凡婦人相饗無降○注姑饗至在上○釋曰本設北洗爲婦人有事不下堂今以北洗及篚在上故不降經不言故記之也言凡者欲見舅姑共饗婦及姑饗婦人送者皆然故言凡也

婦入三月然後祭行入夫之室三月之後於祭乃行謂助祭也

【疏】婦入至祭行○注入夫至祭也○釋曰此據舅在無姑或舅沒姑老者若舅在無姑三月不須廟見則助祭案內則云舅沒則姑老者謂姑六十亦傳家事任長婦婦入三月廟見祭菜之後亦得助夫祭故鄭云謂助祭也此亦謂適婦其庶婦無此事亦以經不見故記之也

庶婦則使人醮之婦不饋庶婦庶子之婦也使人醮之不饗也酒不醻酢

【疏】庶婦至不饋○曰醮亦有脯醢適婦酌之以醴尊之庶婦酌之以酒卑之其儀則同不饋者共養統於適也○注庶婦至適也○釋曰不饗者以適婦不醮而有饗今使人醮之以醮替饗故使人醮之不饗也云酒不醻酢曰醮者亦如庶子醮然知亦有脯醢者以其饗婦及醮子皆有脯醢故知亦有脯醢也云其儀則同者適婦用醴於客位東面拜受

禮贊者北面拜送今庶婦雖於房外之西亦東面拜受醮者亦北面拜送故云其儀則同也云不饋者共養統於適也者謂不盥饋特豚以其共養統于適婦也

昏辭曰吾子有惠貺室某也昏辭擯者請事告之辭吾子謂女父也稱有惠明下達貺賜也室猶妻也子謂公冶長可妻也某某壻名

疏昏辭至某也○注昏辭至壻名○釋曰鄭知昏辭是擯者請事告之辭者以其言吾子有惠貺室某也是使告主人之辭明知是擯者出門請事使者告之辭也知吾子謂女父者請事告擯者稱前已有惠貺其妻於壻某申明是女父乃得以女許人故知吾子女父也云明下達者此擯者稱有惠貺室即壻家舊已有辭下達女家見許今得言貺室也故引上文下達以釋此也引子謂公冶長可妻也者證以女許人稱貺室室猶妻也

某有先人之禮使某也請納采某壻父名也某也使名也

疏某有至納采○注某壻至名也○釋曰此亦是使者門外通連上語告擯者之辭也以其使者稱向主人擯者故知上某是壻父下某是使者名也

對曰某之子惷愚又弗能教吾子命之某不敢辭對曰

者擯出納賓之辭某女父名也吾子謂使者今文弗爲不無能字【疏】對曰至敢辭○注對曰至能字○釋曰鄭知對曰者擯出納賓之辭者以其上文賓告擯者辭下經致命主人明此是中閒擯者出領賓告者辭下經致語入告主人擯者又領主人此語以告使者知也

致命曰敢納采問名曰某既受命將加諸卜敢請女爲誰氏某使者名也誰氏者謙也不必其主人之女【疏】致命曰敢納采○釋曰此使者升堂致命於主人辭若然亦當有主人對辭如納徵致命主人對辭不言之者文不具也問名賓在門外請問名主人許無辭者納采問名同使前已相親於納采許昏訖故於問名畧不言主人所傳辭也是以於此直見賓升堂致命主人之辭也自此已下有納吉納徵請期之等皆有門外賓與擯者傳辭及升堂致命主人對或理有不須而言或理須辭而文不具以情商度義可皆知也○注某使至之女○釋曰知某使者名也者以使者對主人稱某既受命明是使者之名也云誰氏者謙也者以其下達乃納采則知女之姓矣今乃更問主人女爲誰氏者恐非主人之女假外人之女收養之是謙不敢必其主人之女也其本云問名而云誰氏者

婦人不以名行明本不問女之三月名此名即姓號之名若尚書孔注云虞氏舜名舜爲謚號猶爲名解之明氏姓亦得爲名若然本問名上氏姓故云誰氏也

對曰吾子有命且以備數而擇之某不敢辭卒曰某氏不記之者明爲主人之女

疏 對曰至敢辭○釋曰云吾子有命者正謂行納采問名使者將命來是巳有命來擇即是且以備數而擇之也○注卒曰至之女○釋曰云卒曰某氏者主人終卒對客之辭當云某氏對使也云不記之者明爲主人之女者若是他女當稱女氏以荅今不言之者明是主人之女容舊知之故不對是以云明爲主人之女也

醴曰子爲事故至於某之室某有先人之禮請醴從者言從者謙不敢斥也今文於爲于

對曰某既得將事矣敢辭將行

先人之禮敢固以請主人辭固如故

某辭不得命敢不從也賓辭也不得命者不得許巳之命

納吉曰吾子有貺命某加諸卜占曰吉

使某也敢告既賜也賜命謂許以女名也某壻父名疏○注既賜至父名○釋曰知某是壻父名者以其云命某加諸卜是壻父卜故知某是壻父名對曰某之子不教唯恐弗堪子有吉我與在某不敢辭與猶兼也古文與爲豫疏對曰至敢辭○注與猶兼也○釋曰云我與在以其夫婦一體夫既得吉婦吉可知故云我兼在占吉中也納徵曰吾子有嘉命貺室某也某有先人之禮儷皮束帛使某也請納徵致命曰某敢納徵對曰吾子順先典貺某重禮某不敢辭敢不承命典常也法也疏納徵至承命○釋曰吾子有命以下至請納徵是門外向擯者辭也云致命曰某敢納徵者是所外堂致命辭也云對曰者是堂上主人對辭也請期曰吾子有賜命某既申受命矣惟是三族之不虞使某

也。請吉日。三族謂父昆弟己昆弟子昆弟虞度也不億度謂卒有死喪此三族者己及子皆爲服期期服則踰年欲及今之吉也雜記曰大功之末可以冠子嫁子

【疏】請期至吉日○釋曰云某既申受命矣者申重也謂前納采已後每度重受主人之命也云惟是三族之不虞使某也請吉日者今將成昏須及吉時但吉凶不相干若值凶不得行吉禮故云惟是三族死生不可億度之事若值死時則不得娶及今吉時使某請吉日以成昏禮也○注三族至嫁子○釋曰鄭知三族是父己子三者之昆弟者若大功之喪服內不廢成禮若期親內則廢故舉合廢者而言以其父昆弟則伯叔及伯叔母己昆弟則己之親兄弟子昆弟則己之適子庶子者皆己之齊衰期服之內親故三族據三者之昆弟也引雜記者見大功小功之末既葬則可以嫁子娶妻經曰三族不據之矣今據父之昆弟期於子小功不得與子娶妻若於子期於父小功亦不得娶妻知今皆據壻之父而言若然己父昆弟於子爲小功而言此三族者己與子皆爲服期者亦據大判而言耳

對曰：某既前受命矣，唯命是聽。前受命者申前事也

曰：某命某聽命于吾子。曰某壻父名也

對曰：某

固唯命是聽使者曰某使某受命吾子不許某敢不告期曰某日某吉日之甲乙疏注某吉日之甲乙○釋曰云曰某日者是使者傳。主人吉日之辭云某吉日之甲乙者謂以十日配十二辰若云甲子乙丑丙寅丁卯之類故鄭畧舉甲乙而言之也對曰某敢不敬須須待凡使者歸反命曰某既得將事矣敢以禮告告禮所執脯疏注告禮所執脯○釋曰知禮是所執脯者上文禮賓賓皆北面取脯降授從者今此云歸以反命故知禮是所執脯也主人曰聞命矣父醮子子壻疏父醮子○釋曰女父禮女用醴又在廟父醮子用酒又在寢不同者父禮女者以先祖遺體許人以適他族婦人外成故重之而用醴復在廟告先祖也男子直取婦入室無不反之故輕之而用酒在寢知醮子亦不在廟者若在廟以禮筵於戶西右几布神位今不言故在寢可知也命之曰往迎爾相承我宗事相助也宗事宗廟之事勗帥以敬先妣之嗣若則有常勗勉也若猶女也勉帥婦道以敬其爲先妣之嗣女之行則當有常深戒之詩云大姒嗣徽音疏勗帥至有常○注勗勉至徵音○釋曰云以敬其爲先妣之嗣者謂婦人入室使之代姑祭也詩云大姒嗣徽音者大雅文王詩大姒者文王妃嗣繼徽美也娶大姒明以繼先妣美音也引之者證敬其爲先妣之嗣也子曰諾唯恐弗堪不敢忘命賓至擯者請對曰吾子命某以兹初昏使某將請承命賓壻也命某某壻父名兹此也將行也使某行昏禮來迎疏賓至至承命○注賓壻至來迎○釋曰云命某某壻父名者以其經有二某命某者是壻自稱之以對擯者也經云使某者是壻名故不言也對曰某固敬具以須父送女命之曰戒之敬之夙夜毋違命夙早也早起夜臥命舅姑之教命古文毋爲無疏父送至違命○釋曰上送女之時父母俱戒託今此記人又云此戒者當同是送女時并有此戒續成前語庶母所戒亦然以前後語時不同故記人兩處記之但父戒

之使無違舅命母戒之使無違姑命故父云命母云戒也然若此注有云命舅姑之教命有姑字者傳寫誤也云古文毋爲無不從者以許氏說文毋爲禁辭故從經今文毋爲正也

母施衿結帨曰勉之敬之夙夜無違宮事帨佩巾

疏宮事○釋曰則姑命婦之事若内宰職云后教六宮婦人稱宮故也

庶母及門内施鞶申之以父母之命命之曰敬恭聽宗爾父母之言夙夜無愆視諸衿鞶庶母父之妾也鞶鞶囊也男鞶革女鞶絲所以盛帨巾之屬爲謹敬申重也宗尊也愆過也諸之也示之以衿鞶者皆託戒使識之也不示之以衣笄者尊者之戒不嫌忘之視乃正字今文作示俗誤行之

疏庶母至衿鞶○注庶母至行之○釋曰云男鞶革女鞶絲者内則文男女用物不同故幷引男子鞶革於經無所當也云所以盛帨巾之屬爲謹敬者案内則云箴管線纊施鞶袠鄭云鞶袠言施明爲箴管線纊有之是鞶以盛帨巾之屬此物所以供事舅姑故云謹敬也云不示之以衣笄者尊者之戒不嫌忘之者前文父戒以衣笄此經母施衿結帨庶母直示

之以衿鞶不示以衣笄故鄭決之也云視乃正字今文作示俗誤行之者案曲禮云童子常視毋誑注云視今之示字彼注破視從示此注以視爲正字以示爲俗誤不同者但古文字少故眼目視瞻與以物示人皆作視字故此注云視乃正字今文作示是俗人以今示解古視故云誤也彼注云視今之示字者以今曉古故舉今文示而言兩注相兼乃具也

壻授綏姆辭曰未教不足與爲禮也姆教人者

宗子無父母命之親皆沒己躬命之宗子者適長子也命之命使者母命之在春秋紀裂繻來逆女是也躬猶親也親命之則宋公使公孫壽來納幣是也言宗子無父是有父者禮七十老而傳八十齊喪之事不及若是者子代其父爲宗子其取也父命之

疏宗子至命之○注宗子至命之○釋曰云宗子者適長子也者案喪服小記云繼別宗繼禰者爲小宗大宗小宗皆是適妻所生長子也云命之命使者者謂納采已下至請期五者皆命使者也云母命之在春秋紀裂繻來逆女是也者案隱二年經書秋九月紀裂繻來逆女公羊傳曰裂繻者何紀大夫也何以不稱使昏禮不稱主人何休云爲養廉遠恥也又云然則曷稱稱諸父兄師友宋

公使公孫壽來納幣則其稱主人何辭窮也辭窮者何無母也休注云禮有母母當命諸父兄師友稱諸父兄師友以行宋公無母莫使命之辭窮故自命之自命之則不得不稱使又云然則紀有母乎曰有有則何以不稱母母不通也休注云禮婦人無外事但得命諸父兄師友稱諸父兄師友以行耳母命不得達故不得稱母通使文所以遠別也服注亦云不稱主人母命不通故稱使婦人無外事若然直命使子之父兄師友使命使者不自親命使者此注云命之命使者似母親命者鄭畧言之其實使子父兄師友命使者也云躬猶親也親命之則宋公使公孫壽來納幣是也者成八年文義取公羊傳如向說舉納幣其餘使親命之也云言宗子無父至不及者案曲禮七十曰老而傳注云傳家事在子孫是謂宗子之父又王制云八十齊衰之事弗及也注云八十不齊則不祭也子代之祭是謂宗子不孤二者皆是宗子有父雖主家事其昏事則父命使者也

支子則稱其宗 支子庶昆弟也稱其宗子命使者

疏 支子則稱其宗○釋曰云稱其宗者謂命使者當稱宗子以命之以大小宗皆然也

弟稱其兄 弟宗子之母弟

疏 弟則稱其兄○注弟宗子之母弟○釋曰知此弟是宗子同母弟者以上支子謂庶昆弟稱其宗子

命使者故知此弟宗子同母弟也若不親迎則婦入三月然後壻見曰某以得爲外昏姻請覿女氏稱昏壻氏稱姻覿見疏若不至請覿○釋曰上已言親迎自此已下至篇末論壻不親迎過三月及壻往見婦父母事也必亦待三月者亦如三月婦廟見一時天氣變婦道成故見外舅姑自此至敢不從並是壻在婦家大門外與擯者請對之辭○注女氏至覿見○釋曰女氏稱昏壻氏稱姻者爾雅釋親文所以别男女則男曰昏女曰姻者義取壻昏時往娶女則因之而來及其親則女氏稱昏男氏稱姻義取送女者昏時往男家因得見之故也主人對曰某以得爲外昏姻之數某之子未得濯溉於祭祀是以未敢見今吾子辱請吾子之就宮某將走見主人女父也以白造緇曰辱疏主人至走見○釋曰云某之子未得濯溉於祭祀者前祭之夕濯溉祭器以其自此以前未廟見未得祭祀故未敢相見也云請吾子之就宮者使壻還就家是欲往就見也○注主人至曰辱○釋曰

云以白造緇曰辱者，謂以絜白之物造置於緇色器中，是汙白色，猶今賓至已門，亦是屈辱，故云以白造緇曰辱也。

對曰：某以非他故，不足以辱命，請終賜見。非他故，彌親之辭。命，謂將走見之。

【疏】對曰至賜見○注非他至終賜○釋曰：此壻對擯者辭。云非他故，彌親之辭者，上擯云得為外昏姻，是相親之辭，今又云非他故，是為壻而來見，彌相親之辭也。

對曰：某得以為昏姻之故，不敢固辭，敢不從。不言外，亦彌親之辭。古文曰外昏姻。

主人出門左，西面。壻入門，東面，奠摯，再拜，出。出門，出內門。入門，入大門。出內門不出大門者，異於賓客也。壻見於寢。奠摯者，壻有子道，不敢授也。摯，雉也。

【疏】主人至拜出○注出門至雉也○釋曰：云出門入大門者，以大夫士迎賓皆於大門外，故此決之也。云壻見於寢者，聘禮凡見賓客及上親迎皆於廟者，聘禮敬賓客，故在廟；親迎在廟者，以先祖之遺體許人，故在廟；此壻見外舅姑，非賓，非親迎，故知在適寢也。云奠摯者，壻有子道，不敢授也者，凡執摯相見皆親授受，此獨奠之，象父子之道質

故不親授與之而已云摯雉也者以其士執雉是其常也

擯者以摯出請受欲使以賓客禮相見

疏擯者以摯出請受○注欲使至相見○釋曰案聘禮賓執摯入門右從臣禮辭之乃出由門左西進北面從賓客禮此亦然故知所請受者請退從賓客相見受之

壻禮辭許受摯入主人再拜受壻再拜送出出已見女父

疏壻禮至送出○注出已見女父○釋曰云受摯入者亦如聘禮受摯乃更西入也云出已見女父者以其相見記擬出更與主婦相見也

見主婦主婦闔扉立于其內主婦主人之婦也見主婦者兄弟之道宜相親也闔扉者婦人無外事扉左扉

疏見主至其內○注主婦至左扉○釋曰云見主婦者兄弟之道宜相親也者爾雅壻與妻之黨爲兄弟故知主婦於壻者兄弟之道也故云宜相親也云闔扉者婦人無外事者婦人送迎不出門見弟不踰閾是無外事也云扉左扉者士喪禮卜葬云闔東扉主婦立于其內既言東扉即是左扉故知是左扉也

壻立于門外東面主婦一拜壻荅再拜主婦又拜壻

且必先一拜者婦人於丈夫必俠拜主人請醴及揖讓入醴以一獻之禮主婦薦奠酬無幣及與也無幣異於賓客疏主人至無幣○注及與至賓客○釋曰訓及爲與者以主人與壻揖讓而入寢門升堂醴壻故訓及爲與也云無幣異於賓客者上冠禮醴賓酬之以幣昏禮饗賓酬以束錦燕禮大射酬賓客皆有幣此無幣故云異於賓客也壻出主人送再拜

儀禮卷第二 經二千五百七十三 注三千六百三十 儀禮疏卷第六

嘉慶丙寅
宮保校定

元缺第一葉
第二葉今補

大清嘉慶二十一年
用宋本重栞藏于南昌府學

江西督糧道王賡言廣豐縣知縣阿應鱗栞

儀禮注疏卷六校勘記

阮元撰盧宣旬摘錄

若舅姑既没

此言舅姑既没者　要義同毛本既誤作俱

因内則有堇荁枌榆供養　荁陳閩俱誤作萱枌毛本作芬浦鏜云枌誤芬是也

婦拜扱地

以手之至地　毛本同陳閩俱無之字

摯不用死

三鼎二牲　要義同毛本牲作生是也

腊必用鮮□必殺全　按疏作殺必全

不餕敗　徐本集釋同釋文毛本俱作餕

女子許嫁

非受幣不交不親 毛本受誤作納

祖廟未毀

曾祖小功之親 要義同毛本曾祖作是誤

謂別子之世適長子 毛本同下子字陳閩俱作者非也

則皆於大宗之家教之 要義同毛本於作以

問名

此卽西面對 毛本面誤作南

祭醴始扱壹祭 唐石經徐本集釋通解楊敖同毛本壹作一

始祭醴云初故始扱壹祭後祭醴又扱爲再祭也 毛本作始

祭禮之初故云始扱一祭及又扱則分爲兩故云又扱再祭是爲三也陳閩俱無始祭禮之初故云七字案通解改此疏云禮成于三故祭醴之時始扱壹祭及又扱則分爲兩祭是爲三也今本略依通解

云右取脯左奉之者　八字陳閩俱脱毛本有

納徵

執皮者　要義同毛本者下有二人兩字

執皮者皆左首　浦鏜云右誤左是也

天子廟門　單疏要義俱無天子二字是也

七个二丈一尺彼天子廟門此士廟門　要義同毛本作共二丈一尺此士廟門○按毛本非也作共字與匠人注不合

故隨入得竝也云西上中庭位併者俱北面西上也　毛本

作故二人相隨乃可以入不得並行也至中庭則稍寬故得俱北面西上也

賓致命□士受皮者自東出于後朱子云疏引此文皮者下有取皮二字今本無之未詳孰是

適東壁 壁徐本作壁誤

受之則文見 陳本同毛本受作釋是也

自左受者 單疏本無自左受三字通解有○按無者是

主人堂上受幣時 陳閩同毛本受作授

與子男之士不命者別 毛本男誤作界

婦乘以几

是石几之類也 段玉裁云當作几石此誤倒也

婦入寢門贊者徹尊冪 冪要義作鼏

配尊之酒三酒 要義無三酒二字

笄

笄有衣者 衣聶氏作表

婦席薦饌于房

非直有席薦 非閩本作亦

饗婦姑薦焉

時同自明 自明毛本作明自

婦洗在北堂

所謂經中北洗也 要義同毛本作經中所謂

北堂房半以北者 房下要義有中字

婦酢舅

謂舅姑饗婦時獻時舅　毛本獻時舅作時舅獻

昏辭曰

子謂公冶長可妻也　陳閩監葛通解俱脫此八字

對曰某之子惷愚

今文弗爲不　徐本集釋通解同毛本今作古

某辭不得命

不得許已之命　徐陳集釋通解楊敖同毛本許作辭

對曰某固唯命是聽

是使者付主人吉日之辭　毛本付作傅

凡使者歸

告禮所執脯　通典無告字玩疏意似亦無告字

父醮子

子壻也　徐本集釋俱無也字毛本通解有

父禮女者　要義同毛本者作子

若在廟以禮筵于戶西　毛本同陳閩俱脫在廟二字

右几布神位　要義同毛本布作在

命之曰　毛本之下有辭字唐石經徐本集釋要義敖氏俱無辭字通解楊氏有石經考文提要云記乃通記昏辭每節俱無辭字

勗帥以敬先妣之嗣

勉帥婦道　張氏云釋文上帥道之注云下帥道同謂此句也此句當云勉帥道婦○按張氏之說是也帥之訓道上文已具故此不復言但疊帥道兩字以見義通典云勉導以敬其爲先妣之嗣正合注意蓋敬其爲先妣之嗣即是婦道若云勉帥婦道則不可通矣

父送女○夙夜毋違命　毋陳閩監本俱誤作母凡他篇毋字此本亦有誤作母者可以義求之不盡按

舅姑之教命　案疏以姑字爲衍文

續成前語　毛本語作文陳本誤作女

則姑命婦之事　毛本作宮事謂姑命婦之事通解與今本同○按則猶即也疏中每有此語前

母施衿結帨曰

疏云母戒之使無違姑命此節經云夙夜無違宮事是宮事即姑命婦之事此賈氏自釋前語也宮事二字已

標于上故不再出直釋曰則姑命婦之事毛本旣刪標目又不達則字之義率依通解改之謬矣

壻授綏姆辭曰未教不足與爲禮也十四字在宗子無父上唐石經徐本集釋通解楊敖俱有通典有曰未教以下九字

姆教人者四字徐本集釋通解楊氏俱有毛本經注並脫

宗子無父

是有父者毛本有下有有字徐本集釋俱脫一有字

云宗子者適長子也者要義同毛本無長字

繼別宗要義別下有爲字毛本同

稱諸父兄師友以行毛本無諸字○按公羊隱二年傳注有諸字

傳家事在子孫浦鏜云任誤在

弟稱其兄　唐石經徐本集釋敖氏同通解楊氏毛本弟下有則字

主人對曰某得濯溉於祭祀　溉敖氏作摡張氏云釋文云摡古代反少牢饋食摡鼎匕俎摡甑甗匕與敦摡豆籩勺爵觚觶字皆作摡○按今本釋文作溉

造置于緇色器中　器要義作之

對曰某以非他故　他通解作它注同按士虞他用剛日注云今文他爲它則他它宜有辯但諸本錯出故不悉挍

對曰某以得爲婚姻之故　以得唐石經徐本張氏通解楊氏敖氏俱作得以集釋挍云上言某以得爲外婚姻之數以者自以也對稱某以非他故此乃云某得以爲昏姻之故以者指壻以之也敖疑上言之數下言之故必有一誤因云得以宜作以得不知以字在下正與故字語氣相貫又與上故字相應今注疏本從敖氏說改經耳

敢不從　張氏云五代廣順中監本同至顯德中吉觀國所挍監本乃云敢從無不字或曰歲久版脫之也

亦彌親之辭古文曰外昏姻 下六字徐本集釋通解敖氏俱有今本俱脫

主人出門左

不敢授也 毛本授誤作受

凡見賓客及上親迎皆于廟者 要義同毛本上作士廟下無者字

以先祖之遺體許人 要義無之字

擯者以摯出

賓執摯入門右 陳本脫執字閩本脫入字

從臣禮 毛本從下有君字陳本從下空一字

由門左西進北面 毛本進作向

見主婦

見弟不踰閾 要義無見字毛本見下有兄字

儀禮注疏卷六挍勘記終

奉新余成教挍

儀禮疏卷第七　　儀禮卷第三

唐朝散大夫行大學博士弘文館學士臣賈公彥等撰

士相見禮第三

士相見禮第三○鄭目錄云士以職位相親始承摯相見禮雜記會

（疏）葬禮曰相見也反哭而退朋友虞祔而退士相見於五禮屬賓禮大小戴及別錄皆第三○釋曰鄭云士以職位相親始承摯相見者釋經亦有大夫及庶人見君之禮亦士見大夫之法獨以士相見爲名者以其兩士職位不殊同類昵近故以士相見爲首云雜記○相見也反哭而退朋友虞祔而退者以送葬之禮恩厚者退遲恩薄者退疾引之者證有執摯相見之義也云士相見於五禮屬賓禮者案周禮大宗伯五禮賓禮之別有八春朝夏宗秋覲冬遇時會殷同此六者是五等諸侯見天子兼有自相朝覲之禮彼又云時聘曰問殷覜曰視二者是諸侯使臣出聘天子及自相聘之禮並執玉帛而行無執禽摯之法此屬直新升爲士大夫之等同國執禽摯相見及見君之禮雖非出聘亦是賓主相見之法故屬賓禮也且士卑雖得作介從君與卿大夫出向他國無身自聘問之事案周禮行夫是士官其有美惡無禮特行無介始得

出向他邦亦非聘問之法也然昏冠及喪祭尊卑各自有禮及執摯相見唯有此士相見其篇内含卿大夫相見以其新升爲士或士自相見或士往見卿大夫或卿大夫下見士或見已國君或士大夫見他國君來朝者新出仕從微至著以士爲先後更有功乃升爲大夫已上故以士爲總號也又天子之孤卿大夫士與諸侯之孤卿大夫士執摯既同相見之禮亦無別也

儀禮　鄭氏注

士相見之禮摯冬用雉夏用腒左頭奉之曰某也願見無由達某子以命命某見摯所執以至者君子見於所尊敬必執摯以將其厚意也士摯用雉者取其耿介交有時別有倫也雉必用死者爲其不可生服也夏用腒備腐臭也左頭頭陽也無由達言久無因緣以自達也某子今所因緣之姓名也以命者稱述主人之意今文頭爲脰

疏士相見至某見○釋曰自此至送于門外再拜論士與士相見之事也云某也願見無由達者謂新升爲士欲見舊爲士者謂久無紹介中間之人達彼此之意雖願見無由得與主人通達相見也云某子以命命某見者某子是紹介中間之人姓

名以主人之命命某是賓之名命某來見主人也案少儀始見君子者辭曰某固願聞名於將命者謂以甲見尊法彼文云敵者曰某固願見於將命者此兩士相見亦是敵者下言願見於將命者者此既言願見無由達見敵者始欲相見案下文及還摯者皆云於將命者明此亦有願見於將命者不言者文不具也○注摯所至為脰○釋曰云摯所執以至者摯得訓為至升為士者獻彼人相見欲相尊敬必執禽鳥始得至故云摯所執以至者也云士摯用雉者對大夫已上所執羔鴈不同也云取其耿介交有時別有倫也者倫類也交接有時至於別後則雄雌不雜謂春交秋別也士之義亦然義取耿介不犯於上也云雉必用死者為其不可生服也者經直云冬用雉知用死雉者尚書云三帛二牲一死摯則雉義取耿介為君致死也云夏用腒備腐臭也者案周禮庖人云春行羔豚夏行腒鱐鄭云腒乾雉鱐乾魚腒鱐膜熱而乾乾則不腐臭故此取不腐臭也冬時雖死形體不異故存本名稱曰雉夏為乾腒形體異故變本名稱曰腒也云左頭頭陽也者曲禮云執禽者左首雉與羔鴈同是合生執之物以不可生服故殺之雖死猶尚左以從陽也云某子今所因緣之姓名也者謂紹介之姓名云以命者稱述主人之意者言紹介之人稱述主人之辭意傳來賓也云今文頭為脰者鄭

不從今文者以其脰項也項不得爲頭故不從也但此云某子以命命某見謂舊未相見今始來見主人故須某子傳通孺悲欲見孔子不由紹介故孔子辭以疾且經云某子鄭云某子今所因緣之姓名槩鄉飲酒云某子受酬注云某者衆賓姓又鄉射云某酬某子注云某子者氏也與此注某子爲姓名不同者彼旅酬下爲上尊敬在上以公羊傳名不若字字不若子故下者稱姓以配子彼對面語故不言名此非對面之言於彼遥稱紹介之意若不言名直稱姓是何人故鄭以姓名解之也若然特牲云皇祖某子注爲伯子仲子者以孫不宜云父祖姓故以伯子仲子言之望經爲義故注有殊若然注宜有名無者誤也

主人對曰某子命某見吾子有辱請吾子之就家也某將走見

有又也某子命某往見今 吾子又自辱來序其意也

走猶往也 今文無走

疏 主人至走見○釋曰云某子命某見者某子則是紹介姓名以某子是中閒之人故賓主共稱之也此上下皆言請不言辭辭而不受須相見故言請而已○注有又至無走○釋曰鄭轉有爲又者以言某子以命命某往就彼見吾子又自辱來於義爲便故從又不從有也云走猶往也者以言走直取急往相見之意非走驟之義

故釋從往也云今文無走字者無走於文義不足故不從今文從古文也

賓對曰某不足以辱命請終賜見命謂請吾子之就家

主人對曰某不敢爲儀固請吾子之就家也某將走見不敢爲儀言不敢外貌爲威儀忠誠欲往也固如故也今文不爲非古文云固以請也

疏注不敢至以請○釋曰固如故也者固爲堅固堅固則如故以再請如前故云固如故也云今文不爲非者云非敢於義不便故不從今文非也云古文云固以請者固請於文從便著有以字於文賸綴故不從古文固以請也

賓對曰某不敢爲儀固以請言如固請終賜見也今文不爲非

主人對曰某也固辭不得命將走見聞吾子稱摯敢辭摯不得命者不得見許之命也走猶出也稱擧也辭其摯爲其大崇也古文曰某將走見

疏注不得至走見○釋曰云走猶出也者亦如上之走往彼據向賓家故走爲往此據出門故云走出也云辭其摯爲其大崇也者凡賓主相見唯此新外爲士有摯又初不相識故有摯爲重對重

相見則無摯爲輕是以始相見辭之爲大崇故也云古文曰某將走見者上再番皆云某將走見今此三者亦云某將走見與前同此疊古文不從者以上第一番請賓主皆無不敢爲儀儀第二番賓及主人皆云不敢爲儀文句既異若不云某於文不便故須云某也此三番於上已云某也固辭不得命於下不須云某於文便古文更云某將走見文疊故不從也

賓對曰某不以摯不敢見見於所尊敬而無摯嫌大簡疏注見於至大簡○釋曰此士相見雖是平敵相伉案曲禮云主人敬客則先拜客客敬主人則先拜主人並不問爵之大小雖以相尊敬爲先後故雖兩士亦得云相尊敬不敢空手須以摯相見若無摯相見是則大簡畧也

主人對曰某不足以習禮敢固辭言不足習禮者不敢當其崇禮來見己疏注言不至見己○釋曰案上經賓云某不以摯不敢見是賓以崇禮來見主人今主人不敢當其崇禮來見己故變文言不足以習禮故鄭云言不足習禮者不敢當其崇禮來見己也

賓對曰某也不依於摯不敢見固以請言依於摯謙自卑也今文無也疏注言依至卑也○釋曰凡相見之禮

以卑見尊必依摯禮記檀弓云魯人有周豐也者哀公執摯請見之者是下賢非正法今士相見云不依於摯不敢見謙自卑也主人對曰某也固辭不得命敢不敬從出迎于門外再拜賓答再拜主人揖入門右賓奉摯入門左主人再拜受賓再拜送摯出右就右也左就左也受摯於庭既拜受送則出矣不受摯於堂下人君也今文無 疏 注右就至文無○釋曰凡門出則以西爲右以東爲左入門則以東爲右以西爲左依賓西主東之位也知受摯於庭者以其入門左右不言揖讓而升之事故知在庭也云既拜送則出矣者欲見賓拜送摯訖而言出則去還家無意得待主人酬己也云不受摯於堂下人君也者聘禮賓外升堂致命授玉又下云君在堂升見無方階亦是升堂見君法故云不升堂下人君也主人請見賓反見退主人送于門外再拜請見者爲賓崇禮來相接以矜莊歡心未交也賓反見則燕矣下云凡燕見於君至凡侍坐於君子博記反見之燕義臣初見於君再拜奠摯而出 疏

主人請見至再拜。注請見至而出。釋曰鄭解主人酬賓之意云請見者爲賓崇禮來相接則執摯來是也云以矜莊歡心未交也者正謂入門拜受拜送時賓主俱矜莊相敬歡心未交也云賓反見則燕矣者上士冠禮賓士昏納采之等禮記皆有禮賓饗賓之事則此行禮主人酬必不虛宜有歡燕故云則燕矣以摯相見非聘問之禮燕既在寢明前相見亦在寢之庭矣若諸文有酬賓者多是禮賓之事知此不行禮賓而云燕者彼諸文皆是爲餘事相見以其事重故爲禮賓此直當身相見其事輕故直有燕矣是以諸文禮賓此燕賓故直云請見也云凡燕見於君至反見之燕義者凡燕見或反見或本來侍坐非反見下注云此謂特見圖事非立賓主之燕是也侍坐於君子之下乃有侍坐問夜膳葷賜食爵之等不引證燕見者彼直是侍坐法非燕見之禮故也云臣初見於君再拜奠摯而出者鄭欲見自燕見于君下至凡侍坐於君子皆反見燕法其中仍有臣見于君法臣始事見于君法禮畢奠摯而出君亦當遣人酬之燕也若然下有他邦之人則還摯雖不見反燕臣尚燕他邦有燕可知但文不具也

主人復見之以其摯

曰鄉者吾子辱使某見請還摯於將命者復見

之者禮尚往來也以其摯謂曏時所執來者也曏曩也將猶傳也傳命者謂擯相者疏主人至命者○釋曰自此至賓退送再拜論主人還于賓之事○注復見至相者○釋曰云復見之者禮尚往來也者鄭解主人還摯之意云禮尚往來曲禮文五等諸侯身自出朝及遣臣出聘以其圭璋重不可還復朝聘訖即還之璧琮財輕故不還彼朝聘用玉自爲一禮有不還之義其在國之臣自執摯相見雖禽摯皆還之臣見於君則不還義與朝聘異不可相決也云將猶傳也傳命者謂擯相者者謂出接賓曰擯入詔禮曰相一也故聘禮與冠義皆云每一門止一相是謂擯介爲相也

主人對曰某也既得見矣敢辭讓其來荅己也疏主人至敢辭○釋曰上言主人此亦言主人者上言主人者據前爲主人而言此云主人者謂前賓今在己家而說也

賓對曰某也非敢求見請還摯于將命者言不敢求見嫌褻主人不敢當也今文無也疏注言不至當也○釋曰云嫌褻主人不敢當也者歸者主人見己今即來見主人賓主頻見是褻也今云非敢求見嫌褻主人不敢更相見也故不敢當相見之法直云還摯而已

主人對曰

某也既得見矣敢固辭固如故也賓對曰某不敢以聞固以請於將命者言不敢以聞又益不敢當疏注言不敢至敢當○釋曰上云非敢求見已是不敢當此云不敢以聞耳聞疏於自見故云又益不敢當也主人對曰某也固辭不得命敢不從許受之也異日則出迎同日則否疏注異日至則否○釋曰下云賓奉摯入不言主人出迎又不言厭明是與前相見同日知異日出迎者鄉飲酒禮云明日乃息司正主人出迎之司正猶迎之況同僚乎是知異日出迎也若然聘禮公迎于大門内至禮賓又出迎者彼初是公迎彼初之命不爲迎賓身故至醴賓身雖同日亦出迎之故鄭注云公出迎者已之禮更端是也昏禮賓爲男家使初時出迎至醴賓身雖同日亦出迎也有司徹前爲尸後爲賓所爲異故云雖同日亦出迎此二者亦是更端之義也案鄉飲酒及公食大夫皆於戒賓之時未行賓主之禮是以賓至乃迎之故雖同日亦迎賓非更端之義也賓奉摯入主人再拜受賓再拜送摯出主人送于門

外再拜士見於大夫終辭其摯於其入也一拜其辱也賓退送再拜終辭其摯以將不親荅也凡不荅而受其摯唯君於臣耳大夫於士不出迎入一拜臣禮也送再拜尊賓【疏】士見於大夫至再拜○注終辭至尊賓○釋曰云以將不親荅也者事未至謂之將如上士相見賓來見士後將親荅就士家則辭而受其摯此則以將不親荅終不受也若然經直云終辭其摯不言一辭再辭亦有可知但畧而不言也又少儀云始見君子曰願聞名此不言願聞亦文不具也云凡不荅而受其摯唯君於臣耳者見下文他邦之人則使擯者還其摯見已君不言還摯文○文有三辭初辭中辭終辭初辭之時則云使某中辭云命某以辭在中者傳言而已故云命某然使某者是尊君卑臣之義其心重若云命某某者尊君卑臣稍淺漸輕之義故鄭云或言命某傳言耳必知有此義者案僖九年左傳曰天子有事於文武使孔賜伯舅胙以伯舅耋老加勞賜一級無下拜是尊君稱使傳言云命有輕重之義也

若嘗爲臣者則禮辭其摯曰某也辭不得命不敢固辭禮辭一辭其摯而許也將

不荅而聽其以摯入有臣道也賓入奠摯再拜主人荅壹拜奠摯尊卑異不親授也古文壹爲一賓出使擯者還其摯于門外曰某也使某還摯還其摯者辟正君也賓對曰某也既得見矣敢辭辭君還其摯也今文無擯者對曰某也命某某非敢爲儀也敢以請還摯者請使受之賓對曰某也夫子之賤私不足以踐禮敢固辭家臣稱私踐行也言某臣也不足以行賓客禮賓客所不荅者不受摯擯者對曰某也使某不敢爲儀也固以請言使某尊君也或言命某傳言耳賓對曰某固辭不得命敢不從再拜受受其摯而去之【疏】注受其摯而去之○釋曰云受其摯而去者以其甞爲臣爲輕既不受其摯又相見無饗燕之禮故鄭云而去以絶之也

下大夫相見以鴈

飾之以布維之以索如執雉鴈取知時飛翔有行列也飾之以布謂裁縫衣其身也維謂繫聯其足。疏下大夫至執雉○釋曰言下大夫者國皆有三卿五大夫言上大夫據三卿則此下是五大夫也二十七士與五大夫轉相副貳則三卿宜有六大夫而五者何休云司馬事省闕一大夫○注鴈取至其足○釋曰云鴈取知時者以其木落南翔冰泮北徂隨陽南北義取大夫能從君政教而施之云飛翔有行列也者義取大夫能依其位次尊卑有敘也上士執雉左頭奉之此云如執雉明執鴈者亦左頭奉之也案曲禮云飾羔鴈者以繢彼天子卿大夫非直以布上又畫之此諸侯卿大夫執摯雖與天子之臣同飾羔鴈者直用布爲飾無繢彼不言士則天子之士與諸侯之士同亦無飾士賤故無別也

上大夫相見以羔飾之以布四維之結于面左頭如麛執之上大夫卿也羔取其從帥羣而不黨也面前也繫聯四足交出背上於胷前結之也如麛執之者秋獻麛有成禮如之或曰麛孤之摯也其禮蓋謂左執前足右執後足今文頭爲脰疏上大夫至執之○注上大至爲脰○釋曰云上大夫卿也者即三卿也云

羔取其從帥者凡羔羊羣皆有引帥若卿之從。君之命者也云羣而不黨也者羊羔羣而不黨義取三卿亦皆正直雖羣居不阿黨也云縶聯四足交出背上於胷前結之者謂先以繩雙縶前兩足復以繩縶後兩足乃以雙繩於左右從腹下向背上交過於胷前結之也云如麛執之者秋獻麛有成禮如之者案周禮獸人云冬獻狼夏獻麋春秋獻獸物鹿豕羣獸及狐狸可也麛是鹿子與鹿同時獻之又庖人云秋行犢麛則獻當在秋時故云秋獻麛也又案禮器曲禮三千鄭云曲猶事也事禮謂今禮也其中事儀三千則禮未亡之時三千條內有此獻麛之法是有成禮可依故此經得如之也云或曰麛孤之摯也者案大宗伯及大行人與聘禮皆云孤執皮帛謂天子之孤與諸侯之孤執皮帛今此執麛者謂新升爲孤見己君法至餘事則皆皮帛也云其禮蓋謂左執前足右執後足者案經云左頭則與雉鴈同是以曲禮云執禽者左首此鄭又云執之蓋謂左執前足右執後足者元缺起此此釋經麛執之據四足而言之凡以摯相見之法唯有新升爲臣及聘朝及他國君來主國之臣見皆執摯相見常朝及餘會聚皆執笏無執摯之禮又執摯者或平敵或以卑見尊皆用摯尊無執摯見卑之法檀弓云哀公執摯見己臣周豐者彼謂下賢非正法也

如士相見之禮

大夫雖摯異其儀猶如士【疏】如士相見之禮○釋曰此下大夫及卿其摯雖有羔鴈之異其相見之儀則皆如士也○注大夫至如士○釋曰云儀猶如士者或兩大夫或兩卿相見皆如上文某也願見無由達已下至主人拜送于門外也

始見于君執摯至下容彌蹙下謂君所也蹙猶促也促恭慤貌也其爲恭士大夫一也【疏】注下謂至一也○釋曰直云見于君不辨臣之貴賤則臣之貴賤皆同故鄭云其爲恭士大夫一也不言所而言下者凡臣視袷已下故不言所言下也

庶人見於君不爲容進退走容謂趨翔【疏】注容謂趨翔○釋曰此不言民而言庶人則是庶人在官謂若王制云庶人在官者其祿以是爲差即府史胥徒是也按鄭注曲禮云行而張足曰趨行而張拱曰翔皆是庶人貌也此庶人見君不趨翔謂是常法論語是孔子行事而云趨進翼如者彼謂孔子與君圖事於堂圖事訖降堂向時揖處至君前橫過向門特加肅敬與庶人同也

士大夫則奠摯再拜稽首君荅壹拜言君荅士大夫一拜則於庶人不荅之庶人之摯鶩古文壹作一【疏】注言君至作一○釋曰臣拜君云再拜稽

首則君荅一拜者當作空首則九拜中奇拜是也云言君荅士大夫一拜則於庶人不荅之者案曲禮君於士不荅拜謂己士此得與大夫同荅一拜者士賤君不荅拜此以新升爲士故荅拜聘禮問勞云荅士拜者亦以新使反故拜之也云庶人之摯鶩者案大宗伯云以禽作六摯庶人執鶩注云鶩取其不飛遷象庶人安土重遷是也

若他邦之人則使擯者還其摯曰寡君使某還摯賓對曰君不有其外臣臣不敢辭再拜稽首受

疏 釋曰賓不辭即受摯以君所不臣禮無受他臣摯法賓如此法故不敢亢禮於他君故不辭即受之也凡臣無境外之交今得以摯執見他邦君者謂他國之君來朝此國之臣因見之謂若掌客卿皆見以羔之類是也春秋卿大夫與他國之君相見者皆因聘會乃見之非特行也

凡燕見于君必辯君之南面若不得則正方不疑君

辯猶正也君南面則臣見正北面君或時不然當正東面若正西面不得疑君所處邪鄉之此謂特見圖事非立賓主之燕也疑度之

疏 釋曰案上文注

以此爲博記反見之燕義則此與燕義燕禮立賓主之燕別以其此經君之面位正南臣北面向之若不得南面或君東西面則臣亦正方向之不可預度君之面位邪立向之皆與燕禮君在阼階西面爲正異故知此經是特見皆圖事并與賓反見之燕義也知有圖事者論語鄉黨云孔子與君圖事于庭圖事于堂燕禮亦云君與卿圖事之時有此面位無常之法也

君在堂升見無方階辯君所在升見升堂見於君也君近東則升東階君近西則升西階

疏注升見至辯西階○釋曰此文據君所在隨使升階無常之事亦謂反燕及圖事之法若立賓主君升自阼階賓及主人升自西階燕禮所云是也

凡言非對也妥而後傳言凡言謂已爲君言事也妥安坐也傳言猶出言也若君問可對則對不待安坐也古文妥爲綏

疏凡言至傳言○注凡言至爲綏○釋曰此據臣與君言之法也云凡言謂已爲君言事也者謂臣有圖爲君言也禮記少儀云量而後入不入而後量是臣有事將入見君須量已所言亦當量君安坐乃可得人而後傳出已言向君道之云妥安坐也者爾雅釋詁文

與君言言使臣與大人言言事君

與老者言言使弟子與幼者言言孝弟於父兄與衆言言忠信。慈祥與居官者言言忠信。

博陳燕見言語之儀也言使臣者使臣之。禮也大人卿大夫也言事君者臣事君以忠也祥善也居官謂士以下

疏與君至忠信○釋曰上文據與君言此文則總說尊卑言語之別云與君言言使臣與大人言言事君者但君臣相對有事即言不必與君言恒言使臣與臣言恒言事君今雖言使臣事君者下供上命禮法當然故君以使臣爲主臣以事君爲正無妨更言餘事已下皆隨事爲主可也云與老者言言使弟子者謂七十致仕之人依書傳大夫致仕爲父師士致仕爲少師教鄉閭子弟雷次宗云學生事師雖無服有父兄之恩故稱弟子也云與幼者言言孝弟於父兄者幼旣與老者相對此幼卽弟子之類孝弟事父兄之名是人行之本故云言孝弟于父兄與衆言言忠信慈祥者此文承老幼之下亦非朝廷之臣但是鄉閭長幼共聚之處使之行忠信慈善之事也云與居官者言言忠信者此與在朝之士言以忠信爲主也○注博陳至以下○釋曰云博陳燕見言語之儀也者據已上博陳與君燕見舉動言語知此博陳也云言使臣

者使臣之禮也者幷事君以忠並是論語孔子對定公之文云大人卿大夫也者此云言事君明非天子諸侯又非士是卿大夫可知又案下文云凡與大人言始視面中視抱卒視面並是臣視君之法則大人據君也又禮運云大人世及以爲禮鄭解爲諸侯者以彼上文云天下爲家以據天子明下云大人是諸侯可知易革卦云君子豹變據諸侯則大人虎變是天子可知又案論語云狎大人注爲天子諸侯爲政教者彼據小人不在朝廷故以大人爲天子諸侯政教解之鄭皆望文爲義故解大人不同云居官謂士以下者以上大夫云事君已據居官鄉大夫其居官之内雖有二十七士幷府史胥徒故云士以下也

凡與大人言始視面中視抱卒視面毋改衆皆若是

始視面謂觀其顏色可傳言未也中視抱容其思之且爲敬也卒視面察其納己言否也毋改謂傳言見荅應之閒當正容體以待之毋自變動爲嫌解惰不虛心也衆謂諸卿大夫同在此者皆若是其視之儀無異也古文毋作無今文衆爲終

疏 凡與至若是○注始視至爲終○釋曰云中視抱容其思之且爲敬者案曲禮天子視不上於袷袷交領也不下於帶上於袷則敖下於帶則憂視大夫得視面此視君得視

面者彼據尋常視君法此據與君言時故不同也云且爲敬者此言抱即面相袷不視袷是敬君之常禮故云且爲敬也云爲嫌解情不虛心也者禮記云虛中以治之鄭注云虛中言不兼念餘事是虛心之意也云衆謂諸卿大夫同在此者言於君視之高下如此其卿大夫視君之儀與言者無異也云古文毋作無不從者說文云毋蓋亦禁辭故不從有無之無也云今文衆爲終不從者以上已有卒卒爲終故從古爲衆也

若父則遊目毋上於面毋下於帶子於父主孝不主敬所視廣也因觀安否何如也今文父爲甫古文毋作無

疏若父至於帶○注子於至作無○釋曰案曲禮大夫之臣視大夫得視面不得遊目士之臣視士得旁遊目今子視父應與視君同不上於袷與士大夫同者以子於父主孝不主敬所視廣者因視安否何如也

若不言立則視足坐則視膝不言則何其行起而已

疏○若不至視膝○注不言之視而已○釋曰已上皆據臣子與君父言語之時此據不言之時鄭言何其行起者行解經立行由立始故以行解立是以論語云立不中門鄭云立行不當根闑之中央是亦以行解立一也又以起解坐以其起由坐始故也

凡侍

坐於君子君子欠伸問日之早晏以食具告改居則請退可也君子謂卿大夫及國中賢者也志倦則欠體倦則伸問日晏近於久也具猶辦也改居謂自變動也古文伸作信早作蚤

疏 凡侍至可也○注君子至作蚤○釋曰此陳侍坐於君子之法鄭云君子卿大夫者禮之通例大夫得稱君子亦得稱貴人而士賤不得也知及國中賢者者鄉射禮云徵唯所欲以告於鄉先生君子可也鄭云鄉先生鄉大夫致仕者君子有大德行不仕者則曲禮云博文強識而讓敦善行而不怠謂之君子是也云志倦則欠體倦則伸鄭注曲禮亦然云古文伸作信早作蚤者此二字古通用故大宗伯云侯執身圭爲信字詩云一之日其蚤獻羔祭韭爲蚤字既通用疊古文者據字體非直從今爲正亦得通用之義也

坐問夜膳葷請退可也問夜問其時數也膳葷謂食之葷辛物葱薤之屬食之以止臥古文葷作薰

疏 夜侍至可也○注問夜至作薰○釋曰云問夜問其時數也者謂若鍾鼓漏刻之數也云古文葷作薰者玉藻云膳於君有葷桃茢作此葷鄭注論語作焄義亦通若作薰則春秋一薰一蕕薰香草也非葷辛之

字故疊古文不從也

若君賜之食則君祭先飯徧嘗膳飲而俟君命之食然後食

君祭先飯食其祭食臣先飯示爲君嘗食也此謂君與之禮食膳謂進庶羞既嘗庶羞則飲俟君之徧嘗也今云呫嘗膳

【疏】若君至後食○注君祭至嘗膳○釋曰此經及下經論臣侍君坐得賜食之法鄭云先飯示爲君嘗食也者凡君將食必有膳宰進食則膳宰嘗君前之食備火齊不得下文是也今此文謂膳宰不在則侍食者自嘗自已前食既不嘗君前食則不正嘗食故云示爲君嘗食也云此謂君與之禮食者謂君與臣小小禮食法仍非正禮食正禮食則公食大夫是也彼君前無食此君臣俱有食故知小小禮食此即玉藻云若賜之食而君客之則命之祭然後祭彼云客之則此注禮食亦不得祭故一也但此文不云客之命之祭然後祭文不具也若臣嘗食不得云禮食亦不得祭故鄭注玉藻云侍食則正不祭是也

若有將食者則俟君之食然後食

將食猶進食謂膳宰也膳宰進食則臣不嘗食周禮膳夫品嘗食王乃食

【疏】若有至後食○注將食至乃食○釋曰云膳宰進食則臣不嘗食者臣爲君嘗食本爲膳宰不

在今膳宰既在明臣不嘗食也是以玉藻云若有嘗羞者則俟君之食然後食飯飲而俟注云不祭侍食不敢備禮也不嘗羞膳宰存也是也云膳夫者天子膳夫則諸侯之膳宰引之者證經將食之人是膳宰因將膳與君品嘗食凡君食臣有侍食之時唯子不侍食是以文王世子云命膳宰曰末有原應曰諾然後退是大子不侍食若卿大夫已下則有侍食法故內則云父沒母存冢子御食羣子婦佐餕是也

若君賜之爵則下席再拜稽首受爵升席祭卒爵而俟君卒爵然後授虛爵受爵者於尊所至於授爵坐授人耳必俟君卒爵者若欲其釂然也今文曰若賜之爵無君也

疏

若君至虛爵○注受爵至君也○釋曰云受爵者於尊所者曲禮亦是賜爵法而云酒進則起拜受於尊所是也云至於授爵坐授人耳者見曲禮與玉藻并此文並無立授之文故知坐授也云必俟君卒爵者若欲其釂然也者此經文與玉藻文同皆燕而君客之賜爵法故臣先飲以酒是甘味欲美君之味故先飲必待君卒爵而後授虛爵者臣意若欲君盡爵然也案曲禮云侍飲於長者酒進則起拜受於尊所長者辭少者反席而飲長者舉未釂少者不敢飲彼是大燕飲禮

故鄭注引燕禮曰公卒爵而後飲案燕禮當無算爵後得君賜爵待君卒爵乃飲是也退坐取屨隱辟而后屨君爲之興則曰君無爲興臣不敢辭君若降送之則不敢顧辭遂出謂君若食之飲之而退也隱辟俛而逡巡興起也辭君興而不敢辭其降於已大崇不敢當也

疏退坐至遂出○注謂君至當也○釋曰云謂君若食之飲之而退也者以上云若君賜之食若君賜之爵下而云退者明爲此二者而退也云隱辟俛而逡巡者案曲禮云鄉長者而屨此亦當然云不敢辭其降者謂君降送時明有不降法故曲禮云就屨跪而舉之屏於側注云謂獨退也云若者不定之辭也大夫則辭退下比及門三辭下亦降也

疏大夫至三辭○釋曰云大夫則辭退下者對上不敢辭是士士卑不敢辭降大夫之內兼三卿五大夫臣中尊者故得辭降也若先生異爵者請見之則辭辭不得命則曰某無以見辭不得命將走見先見之先生

致仕者也異爵謂卿大夫也辭辭其自降而來走猶出也先見之者出先拜也曲禮曰主人敬賓則先拜賓

疏若先至見之○注先生至拜賓○釋曰此先生卽鄉飲酒云就先生而謀賓介亦一也故彼注與此注皆云致仕者也云異爵謂卿大夫也者此士相見本文是士故以卿大夫爲異爵也訓走爲出者亦謂士見異爵取急意而言走其實非走直出也引曲禮者欲見言敬客先拜也彼云客此云賓者對文賓客異散文賓客通故變文云賓也

非以君命使則不稱寡大夫士則曰寡君之老謂擯贊者辭也不稱寡者不言寡君之某言姓名而已大夫卿士其使則皆曰寡君之某檀弓曰士而未有祿者君有饋焉曰獻使焉曰寡君之老

疏非以至之老○注謂擯至之老○釋曰云非以君命使則不稱寡者此則玉藻云大夫私事使私人擯則稱名以其非聘問之禮則爲私事使私人擯也聘禮云若有言則以束帛如享禮引春秋晉侯使韓穿來言汶陽之田歸於齊玉藻注亦引之是也鄭云謂擯贊者辭也者以玉藻自諸侯之於天子以下至大夫皆云擯者曰故知不自稱是擯贊之辭也云其使則皆曰寡君之某者釋經大夫士則曰寡君之老爲公事使者也此則玉藻云公士擯則曰寡大

夫君之老大夫有所往必與公士爲賓亦一也彼注云謂聘也大聘使上大夫小聘使下大夫則曰寡君之某故鄭總云某也若然經直云大夫鄭兼云士者經本文是士則云非以君命使可以兼士也但士無特聘問或作介往他國亦有稱謂而云寡君之士某也云檀弓曰仕而未有祿者謂試爲大夫士直有試功之祿未有正祿云君有饋焉曰獻者謂有饋物于君亦與正祿者同稱獻云使焉云寡君之老者於他國君邊自稱寡君之某此文亦兼士大夫引之者證公事使稱寡君之某也

凡執幣者不趨容彌蹙以爲儀不趨主愼也以進而益恭爲威儀耳今文無容

（疏）凡執至爲儀○釋曰案小行人合六幣玉馬皮圭璧帛皆稱幣下文別云執玉則此幣謂皮馬享幣及禽摯皆是○注不趨至無容○釋曰凡趨有二種有疾趨行而張足曰趨是也有徐趨則下文舒武舉前曳踵是也今此經云不趨者不爲疾趨故云主愼也既不云疾趨又不爲下文徐趨但徐疾之間爲之故以進而益恭爲威儀也

執玉者則唯舒武舉前曳踵唯舒者重玉器尤愼也武迹也舉前曳踵備踧踖也今文無者古文曳作抴

（疏）執玉至曳踵○釋曰此篇直見在國以禽摯相見之禮無執玉

朝聘鄰國之事而云執玉者因執摯相見故兼見朝聘執玉之禮也案玉藻記徐趨之節云圈豚行又與此不同者文有詳畧俱是徐趨也○注唯舒至作拙○釋曰云唯舒者重玉器尤慎也者案玉藻云執龜玉不趨不趨者不爲疾趨又曲禮云凡執主器執輕如不克故爲重玉器尤慎也云備蹪跲也者蹪跲則顛倒恐損玉故徐趨也

凡自稱於君士大夫則曰下臣宅者在邦則曰市井之臣在野則曰草茅之臣庶人則曰刺草之臣他國之人則曰外臣宅者謂致仕者也致仕者去官而居宅或在國中或在野周禮載師之職以宅田任近郊之地刺猶剗除也今文宅爲託古文茅作苗

疏曰云凡自至外臣○釋曰云凡自稱於君士大夫則曰下臣者此與君言之時案玉藻云上大夫曰下臣與此同也○注宅者至作苗○釋曰此亦自稱於君以其致仕不在故指宅而言故曰宅者謂致仕者也云或在國中或在野者案爾雅郊外曰野則自郊至畿五百里內皆名野又案鄉大夫職國中七尺野自六尺此亦云在國在野相對其言國外則云野則云宅在野者城外畿內皆是也云載師

之職者彼鄭注云宅田致仕者之家所受田也引之證彼言宅田據地此言宅據所居一也云剌猶剗除也者案詩有其鏄斯趙注云趙剌也故以剌爲剗除草木者也

儀禮卷第三 經七百五十三 注一千六百八十九 儀禮䟽卷第七

元缺第六葉今補

臣盧宣旬校

大清嘉慶二十年用文選樓藏本校定

江西督糧道王賡言廣豐縣知縣阿應鱗栞

儀禮注疏卷七挍勘記　　阮元撰盧宣旬摘錄

士相見禮第三

亦士見大夫之法　要義同毛本亦下有有字

云𥜿記　毛本記下有會葬禮曰四字

案周禮行夫　閩本同毛本夫作人誤

士相見之禮

升爲士者　毛本升上有新字

二牲一死摯　毛本牲作生摯作雉○按生摯是也

則雉義取耿介　則雉通解作鄭云士執雉也

主人對曰某不敢爲儀

古文云固以請徐本通解同集釋無也字張氏云疏無也字

堅固則如故閩本無堅固二字

賓對曰對唐石經補刻誤作用

主人對曰某也固辭不得命

故云走猶出也毛本走下有猶字此本無○按上文當有猶字今從毛本

賓對曰某不以贄

唯是平敵相伉要義同毛本伉作抗

賓對曰某也不依於贄

謙自卑也今文無也毛本脫下四字徐本集釋通解俱有

注言依至卑也案注末有今文無也四字則卑字疑當作無

主人對曰某也固辭不得命

注右就至文無 毛本文無作無也

入門則以東爲右 毛本入下無門字

云既拜送則出矣者 浦鏜云拜下脫受字○按注文受字疑衍文

主人復見之以其贄

論主人還于賓之事 浦鏜云還下脫摯字

賓對曰某也非敢求見

不敢當也今文無也 毛本脫下四字徐本集釋通解俱有

曏者 曏毛本作日鄉

主人對曰某也固辭不得命

若然聘禮公迎于大門内　毛本若下無然字

士見于大夫

送再拜尊賓　賓楊氏作賢

士見於大夫至再拜　注終辭至尊賓　浦鏜云又疏有三辭至輕重之義也當在下擯者對曰某也使某不敢爲儀也因以請節注下疏此錯簡也又文疑案禮之誤○按此下凡七節無疏故於此總釋之非錯簡也

若嘗爲臣者　嘗唐石經徐本楊敖俱作嘗集釋通解毛本俱作常

下大夫相見

維謂繫聯其足　張氏云釋文云以索悉各反注同今注無以索字經曰飾之以布維之以索注舉飾之以布全句釋之至下句不應獨曰維此必今本脱去之以索三字今增入○按釋文專爲索字作音其言注同自

指索字非兼指以索兩字注中索字今已脫去不可復考張謂維下當增之以索三字亦臆說耳

上大夫相見

羔取其從帥　從徐本作後集釋通解楊氏俱作從張氏曰注曰羔取其後帥案監本後作從疏引注文亦作從至其下釋乃云凡羔羊皆有引帥若卿之後君之命者也此釋亦誤以從爲後後字近從傳寫誤也

秋獻麛　秋閩監葛本俱誤作法

凡羔羊摯　張氏引疏無摯字

若卿之從君之命者也　從張引作後誤見上

雖摯居不阿黨也　毛本居誤作而

如士相見之禮

或兩卿相見　閩本無或兩卿三字

與君言言使臣○與衆言言忠信慈祥　敖氏曰大戴記注引此無忠信字後人因下文有言忠信三字而誤衍之

并事君以忠　毛本并作臣此本忠作服案臣當從作并服當從毛本作忠又注及疏使臣之禮之字疑俱當作以

凡侍坐於君子

及國中賢者也　中下集釋有之字

問日晏　日下敖氏有蚤字

具猶辯也　辯釋文作辨張氏曰注曰具猶辦也案釋文云辨皮莧反特牲饋食注亦曰具猶辨也從釋文○按張氏所見注作辦與今本異說文有辨無辦則當以辨爲正作辦非也作辯尤誤

君子卿大夫者　案各本注子下俱有謂字

博文强識而讓 毛本文作聞○按文字非也

儐執身圭 閩本要義同毛本身作伸

夜侍坐

膳葷謂食之 敖氏無葷字

食之以止臥 之下集釋有可字

若君賜之食

食其祭食 食其敖氏作謂君盧文弨云宋本作於其

此謂君與之禮食 此楊氏作食與下集釋有臣字

今云呫嘗膳 臧琳曰釋文呫嘗音貼穀梁未嘗有呫血之盟呫嘗也案呫既訓嘗則呫即嘗之駮文呫下不得更着嘗字蓋古文偏嘗膳今文偏呫膳注當作今文云呫膳文脫嘗衍也説文口部無呫食部有餂云相謁

食麥也廣雅二釋詁餂嘗同訓爲食則餂爲咕之本字無疑

若臣嘗食　臣嘗要義作尋常

若有將食者

周禮膳夫　徐本集釋楊敖同毛本通解夫下有授祭二字

末有原　毛本末誤作未

退坐取屨

俛而逡巡　巡釋文楊氏俱作遁

大夫則辭退下

下亦降也　亦通解作猶

兼三卿五大夫　三五要義互易似誤

故得辭降也　閩本要義同毛本故作大

若先生異爵者

欲見言敬客先拜也　毛本言作主

非以君命使也

不稱寡者　徐本集釋同毛本者作君

則曰寡大夫君之老　毛本君上有寡字○按玉藻有寡字

凡執幣者不趨

凡執至爲儀　毛本執下有幣字

執玉者

唯舒者　舒下敖氏有武字朱子釋經文云注疏以舒字絕句盧文弨云上節疏明以舒武連讀宋本唯舒下

本有武字後脫去耳○按盧所謂宋本即敖氏本敖引注多臆改不足憑也然注疏實不以矜字絕句盧説良是

古文曳作抴 徐本釋文集釋通解同毛本抴作栧

以禽摯相見之禮 以閩本作爲

故兼見朝聘執玉之禮也 見毛本作言

凡自稱于君○在野則曰草茅之臣 草唐石經徐閩釋文集釋通解要義敖氏俱作草毛本作艸

謂致仕者也致仕者 毛本脫下四字徐本集釋俱有通解無

剌猶剗除也 此句徐本集釋通解俱在任近郊之地下與此本標目合

今宅爲託 毛本作今文宅或爲託徐本無文或二字集釋有文字無或字通解無文字有或字

上大夫曰下臣 毛本上作下○按作上與玉藻合

注宅者至作菑　閩監同毛本作苗作剗除按閩監注雖已誤而疏文未改猶得據以改正毛本併疏文改之遂不復知注有錯簡矣且即就今本注文言之亦當作宅者至除也乃爲合例否則似注文亦無也字

則云宅　連下在野者作一句與要義同毛本則上有國內二字

案詩有其鎛斯趙　鎛監本誤作鍊

趙刺也　閩本要義同毛本趙作鎛監本誤作鍊

故以刺爲剗除草木者也　閩監同毛本草作艸

儀禮注疏卷七挍勘記終

奉新余成教校

傳古樓景印

“四部要籍選刊”已出書目

序號	書名	底本	定價 / 圓
1	四書章句集注（3 冊）	清嘉慶吴氏刻本	150
2	阮刻周易兼義（3 冊）	清嘉慶阮元刻本	150
3	阮刻尚書注疏（4 冊）	清嘉慶阮元刻本	200
4	阮刻毛詩注疏（10 冊）	清嘉慶阮元刻本	500
5	阮刻禮記注疏（14 冊）	清嘉慶阮元刻本	700
6	阮刻春秋左傳注疏（14 冊）	清嘉慶阮元刻本	700
7	楚辭（2 冊）	清初毛氏汲古閣刻本	100
8	杜詩詳注（9 冊）	清康熙四十二年初刻本	450
9	文選（12 冊）	清嘉慶十四年胡克家影宋刻本	600
10	管子（3 冊）	明萬曆十年趙用賢刻本	150
11	墨子閒詁（3 冊）	清光緒毛上珍活字印本	150
12	李太白文集（8 冊）	清乾隆寶笏樓刻本	400
13	韓非子（2 冊）	清嘉慶二十三年吴鼒影宋刻本	98
14	荀子（3 冊）	清乾隆五十一年謝墉刻本	148
15	文心雕龍（1 冊）	清乾隆六年黄氏養素堂刻本	148
16	施注蘇詩（8 冊）	清康熙三十九年宋犖刻本	398
17	李長吉歌詩（典藏版）（1 冊）	顧起潛先生過録何義門批校清乾隆王氏寶笏樓刻本	198
18	阮刻毛詩注疏（典藏版）（6 冊）	清嘉慶阮元刻本	598

序號	書名	底本	定價 / 圓
19	阮刻春秋公羊傳注疏（5 册）	清嘉慶阮元刻本	298
20	楚辭（典藏版）（1 册）	清汲古閣刻本	148
21	阮刻儀禮注疏（8 册）	清嘉慶阮元刻本	398

圖書在版編目（CIP）數據

阮刻儀禮注疏 /（清）阮元校刻. -- 杭州 : 浙江大學出版社，2020.8
（四部要籍選刊 / 蔣鵬翔主編）
ISBN 978-7-308-20358-6

Ⅰ. ①阮… Ⅱ. ①阮… Ⅲ. ①禮儀－中國－古代②《儀禮》－注釋 Ⅳ. ① K892.9

中國版本圖書館 CIP 數據核字 (2020) 第 120099 號

阮刻儀禮注疏
（清） 阮元 校刻

叢書策劃 陳志俊
叢書主編 蔣鵬翔
責任編輯 胡 畔
責任校對 楊利軍
封面設計 温華莉
出版發行 浙江大學出版社
（杭州市天目山路 148 號 郵政編碼 310007）
（網址：http://www.zjupress.com）
排 版 杭州尚文盛致文化策劃有限公司
印 刷 浙江海虹彩色印務有限公司
開 本 850mm×1168mm 1/32
印 張 77.25
字 數 708 千
印 數 0001—1000
版 印 次 2020 年 8 月第 1 版 2020 年 8 月第 1 次印刷
書 號 ISBN 978-7-308-20358-6
定 價 398.00 圓（全八册）

浙江大學出版社市場運營中心聯繫方式：(0571)88925591;http://zjdxcbs.tmall.com